KB128048

3개의 세계

MITTSU NO SEKAI

Copyright © 2024 Yohei Yamaguchi

Original Japanese edition published by PRESIDENT Inc.
Korean translation rights arranged with PRESIDENT Inc.
through The English Agency(Japan) Ltd. and Eric Yang Agency, Inc

이 책의 한국어판 저작권은 Eric Yang Agency를 통해
저작권자와 독점 계약한 ㈜알에이치코리아가 소유합니다.
저작권법에 의하여 한국 내에서 보호를 받는 저작물이므로 무단 전재 및 복제를 금합니다.

3개의 세계

급변하는

야마구치 요헤이 지음
권희주 옮김

세계에서

살아남기 위한

생존전략

RHK
알에이치코리아

'3개의 세계'의 출현

- 왜 IT 사업가들은 하루아침에 수백억에서 수천억 엔의 엄청난 부를 손에 넣을 수 있을까? 그리고 그 돈은 실제 생활에서 쓸 수 있는 것인가?

- 사회에 도움이 된다고 생각되는 직업 예를 들어, 보육 교사나 간병인의 급여는 왜 놀라울 정도로 낮은가?

- 날마다 미디어에서 보는 메타버스나 Web3·0, NFT 등 새로운 말에 대한 불안감과 불신감은 어디에서 오는 것인가?

- 정부가 추진하는 전원도시 구상이나 지역 활성화 사업에서 수상한 냄새가 나는 이유는 무엇일까?

- 왜 일론 머스크는 트위터를 6.4조 엔(440억 달러)에 인수했을까?

- 스마트폰이 보급되었는데 왜 아직도 국회를 현장에서 하는가? 애초에 국회의원은 왜 그렇게 믿지 못할 법한 사람이 많은 것일까?

이러한 토픽에 대해 잠시 생각해 보면 어떤가? 위와 같은 질문에 하나하나 명확하게 답할 수 있는 사람은 적을 것이다. 왜냐하면 질문의 배경이 되는 정보나 사상이 뒤엉켜 있어서 전체상을 파악하기 어려우며 본질이 잘 보이지 않기 때문이다.

하나하나 문제를 단독으로 바라봐도 답은 잘 보이지 않는다. 세계는 단일한 방식에서 급속도로 복잡하게 분화하고 있다. 그 가장 큰 변화가 이 책에서 다루는 3개의 세계로의 분화다. 구체적으로는 돈에 의해 움직이는 '캐피탈리즘(자본주의 사회)', 온 세상을 덮은 네트워크상에서 데이터가 돌아다니며 구축되는 '버추얼리즘(가상 현실 사회)', 땅에 뿌리내리고 자연의 리듬으로 사람들이 협력하며 생활하는 '셰어리즘(공화주의 사회)'이다. 이 책에서는 이 3개의 세계를 각각의 장으로 나누어 자세하게 설명한다.

3개의 세계는 전혀 다른 목적과 제도, 경제 시스템을 가지고 있다 (13페이지에서 후술한다).

3개의 세계란 무엇인가?

다음 페이지의 그림 0-1은 3개의 세계를 나타낸 것이다. 각 세계의 위치에 대해 지표에서 가까운 순으로 설명하겠다.

셰어리즘: 지표에서 지상 20m까지의 세계

셰어리즘은 지하 수백m에서 지상 20m 정도까지의 세계다. 빌딩 5층 정도까지일 것이다. 인공물이 20~40%, 자연이 60~80% 정도의 비율이다. 이 높이에서는 사람이 지면과 가까이 생활하고, 지역이 생활의 중심이 된다. 가까운 인간관계와 동식물, 자연에 둘러싸여 느린 리듬으로 살아간다. 지방 생활이 전형적인 예다.

신체에 좋은 것, 도시에 비해 인간관계가 농후한 것 그리고 돈을 쓰지 않는 생활이 장점이다. 그만큼 아드레날린이나 도파민을 자극하는 일이 일어나지 않는다. 자연과 신체의 리듬에 따르는 생활을 한다.

셰어리즘의 삶을 좋게 하려면 지역 사람들과 관계성을 깊게 하거나 작은 공헌 활동을 하거나 지역에서 생산된 것을 소비하며 안전하고 맛있는 식생활을 해야 한다. 그보다 더욱 셰어리즘을 충실히 하는 방법에 대해서는 뒤에서 서술하겠다.

캐피탈리즘: 지상 20m에서 200m의 세계

지상 20m에서 200m는 인공물이 80%인 세계 즉, 캐피탈리즘의 영역이다. 이미지로 그려본다면 도쿄를 중심으로 한 도시의 생활이다. 대규모 빌딩들에 둘러싸여 사람들은 아파트에서 살고 어떤 비즈니스에 종사하며 돈을 번다. 그 사이에 친구와의 식사나 연애, 가족생활이나 여가 등 인간적인 활동을 끼워 넣는 것으로 나날을 보낸다.

지상 20m 이상의 장소에서는 흙이나 바람을 느끼는 일이 적다. 이

그림 0-1 세계는 3개의 층으로 나뉘고 있다

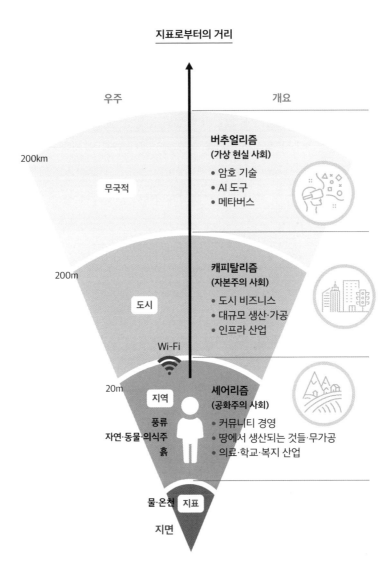

지표로부터의 거리

우주   개요

버추얼리즘
(가상 현실 사회)
- 암호 기술
- AI 도구
- 메타버스

200km

무국적

캐피탈리즘
(자본주의 사회)
- 도시 비즈니스
- 대규모 생산·가공
- 인프라 산업

200m

도시

Wi-Fi

셰어리즘
(공화주의 사회)
- 커뮤니티 경영
- 땅에서 생산되는 것들·무가공
- 의료·학교·복지 산업

20m

지역

풍류
자연·동물·의식주
흙

물·온천 지표

지면

높이에서는 새 대신 Wi-Fi가 날고 있다.

캐피탈리즘 세계에 사는 사람의 대부분은 컴퓨터를 이용한 오피스 워크에 종사하고 있다. 코로나 이후에는 사무실로 출근하는 일도 줄었기 때문에 자신의 일이 정말 필요한가 하는 의문에 사로잡혀 있거나 소속 욕구에 굶주려 있을지도 모른다. 설령 수입을 얻는다고 해도 자신이 정말 '살아 있는지' 불안과 불만을 떠안은 사람도 많다.

캐피탈리즘에서는 '무엇을 할 것인가?', '어떻게 가치를 낼 것인가?'보다도 계급에 따라 소득이 결정된다. 자산가는 자연스럽게 부를 늘리고, 노동 계급은 아직 쇼와*, 헤이세이**의 속박에서 벗어나지 못하며 울적한 나날을 보내고 있다. 이 세상에서 행복해지려면 좋은 친구를 만나 더 높은 계급으로 옮겨갈 수밖에 없다. 아니면 일찍 탈출하든지 말이다. 상세한 내용은 뒤에서 서술한다.

버추얼리즘: 지상 200m 이상의 세상

지상 200m 이상은 지평선 끝에서 지구가 둥글다는 것을 느낄 수 있는 상공이고, 그곳에는 인공물도 자연물도 없다. 국경도 국적도 상관없는 세상이다.

비행기 창문을 통해 지상을 바라보면 인류가 지구에서 얼마나 어리석은 선 긋기를 하며 실랑이를 반복하고 있는지 알게 되어 어이가

---

*　1926~1989년. 일본의 연호.
**　1989~2019년. 일본의 연호.

없을 테다. 특히 유라시아 대륙이나 아프리카를 상공에서 바라보면 보이는 것은 숲과 사막이고, 거기에 인간이 '나라'라는 인공적인 '묶음'을 잣댄 것이 우습다. 숲과 같은 자연은 "우리는 ○○국이지만 너는 아니야."와 같은 세력 전쟁을 하지 않는다. 인간의 선 긋기를 강요하는 것은 어리석은 짓이다.

그런데 이 국경 없는 영역에 네트워크가 그물망처럼 구석구석 둘러쳐져 있고 전 세계의 데이터가 돌아다닌다. 인터넷이라는 형태로 시작된 네트워크의 세계는 보다 중층적으로 변화하고 있다. 웹 브라우저라는 형태로 2차원으로 표시하는 것에서, VR(메타버스)의 형태가 되어 깊이를 가진 3차원 표시로 이행하는 중이다. 버추얼리즘 세계를 유지하기 위한 '노동'의 대가로 화폐까지 발행되기 시작했다.

예를 들어, 비트코인은 중앙은행이나 정부 등 중앙기관의 관리나 발행을 필요로 하지 않는 암호 화폐로 데이터를 조작할 수 없는 '노동'의 대가로 배부된다. 그것이 화폐 가치를 지니고 유통할 수 있는 구조의 일부가 된다. 또 민주주의적 제도도 DAO(분산형 자율 조직) 형태로 정비되고 있다. DAO에서는 중앙 집권적인 조직에서 볼 수 있는 지도자나 관리자가 존재하지 않으며, 참가자 전원이 평등하게 의사 결정에 참여한다. 구체적으로 DAO가 이용되는 면으로는 통화 및 자산 관리, 커뮤니티 운영, 프로젝트 개발 등이 있다.

요컨대 이러한 신기술은 우리가 살고 있는 현실 사회와 마찬가지로 여러가지 제도(입법, 행정, 사법, 경제)를 독자적으로 구축해가고 있다. 이제 인터넷은 현실 세계의 한 보조 고리가 아니라 그 자체가 버추얼리즘이라는 형태로 세계를 창조해내고 독립하려 한다.

우리는 이 3개의 세계 중 하나에 어떤 형태로든 한쪽 발을 들이거나 온몸을 푹 담그며 살아간다. 회사에 근무하는 사람이라면 낮에는 캐피탈리즘의 세계에 몸을 담고 있지만 밤에는 게임 등 버추얼리즘의 공간에 몸을 담고, 주말에는 지역 커뮤니티의 자원봉사에 참가함으로써 셰어리즘을 체험하고 있다.

그러나 3개의 세계는 계속해서 독자성을 드러내며, 그 세계 사이에 이데올로기 투쟁이 일어날 위험성을 안고 있다. 그 전에 우리는 대처할 방법을 생각해두어야 한다.

3개의 세계에서 발견되는 '내가 있는 곳'

앞에서 언급한 3개의 세계 구조를 이해하기 위해서는 각각의 세계 중 어딘가에 자신이 있을 곳을 찾는 것이 중요하다. 하지만 실은 누구나 이미 3개의 세계 어딘가에 소속되어 있다.

3개의 세계를 간단하게 매핑한 것이 오른쪽의 그림 0-2다. 만일 당신이 지금 몸담고 있는 캐피탈리즘의 세계에 지쳐 있다고 해도, 셰어리즘의 세계에서 사람과의 연결이나 온기를 접하고 지내기 좋은 장소를 발견할지도 모른다. 현실에 절망하고 있다면 버추얼리즘으로 도망쳐도 상관없다. 반대로 만약 당신이 캐피탈리즘에서 극히 부유한 자본가라고 해도 그곳에서 축적한 자본을 그대로 버추얼리즘이나 셰어리즘과 같은 새로운 세계로 옮겨서 사용할 수는 없다.

셰어리즘의 세계에서 지역 사회에 뿌리를 두고 존경받기 위해서는

그림0-2 생활 방식의 패턴과 인물 예시

각 세계의 어디를 살고 있습니까?

	셰어리즘	캐피탈리즘	버추얼리즘	예시 인물
①		✓		• 야나이 마사 • 미키타니 히로시
②	✓			• 지방 공무원, 의원 • 농협·수협 조합원
③			✓	• 히로유키 • 호리에 타카후미 • 인플루언서
④	✓	✓		• 세습 정치가, 지방 유지, 노포 기업의 사장 • 도심과 시골의 2개 거점 생활자
⑤		✓	✓	• 손정의 • 일론 머스크
⑥	✓		✓	• 학자, 저술가 • 영적 지도자
⑦	✓	✓	✓	• 워런 버핏 • 주식을 매각하고 지방에 사는 전 IT 사장

일상적인 공헌(예를 들어, 반상회에서 자원봉사 활동을 하는 등)을 해야 한다. 앞에서 서술한 대로 3개의 세계는 각기 다른 구조와 논리로 움직이고 있기 때문이다.

복잡하고 공략하기 어려운 3개의 세계에서 즐겁게 살아가려면 우리의 생활을 구성하는 세 요소인 '벌다, 공헌하다, 생활하다'의 포지션을 정하는 게 필수불가결하다.

누구나 슈퍼 기업가가 될 필요도 없고, 공장 근로자가 될 필요도 없다. 당신이 편안하고 안심하며 살 수 있는 곳은 3개의 세계가 복잡하게 교차하는 곳 어딘가에서 반드시 발견된다.

이 책에서는 각 세계의 성립이나 규칙 그리고 앞으로의 미래를 해설한 후에 개개인의 생활 방식의 힌트를 주고 싶다. 3개의 세계 메커니즘을 이해하면 '들어가는 말'에서 열거한 의문들이 자연스럽게 해소되고 당신이 그동안 느끼고 있던 답답함이 걷힐 것이다. 분명 자신의 생활 방식을 다시 바라보는 계기도 될 테다.

3개의 세계에서
필요한 돈과 버는 법

3개의 세계에서 제각기 다른 '돈'의 종류

우리는 경제나 돈의 측면에서 어떻게 이 세계를 건너다니면 좋을까? 우선은 앞으로 '돈'이라고 해도 그 기저에는 세 종류가 존재한다는 것을 이해해야 한다(다음 페이지의 그림 0-3).

캐피탈리즘에서 돈은 통화며 노동 혹은 자본 투하를 통해 얻는 것이다. 반면 버추얼리즘의 돈은 신용, 평판, 영향력에 의해 결정된다. 부분적으로 비슷한 점도 있지만 셰어리즘에서는 편안한 거리감을 담보할 수 있는 평판, 커뮤니케이션의 대가로써 답례가 있다. 셰어리즘에서는 시간과 공헌을 쌓아 올리는 것이 특히 중요하다. 각각의 세계에서 '돈'은 서로 관계되면서도 개개의 성질이 크게 다르다는 점을 알아두어야 한다.

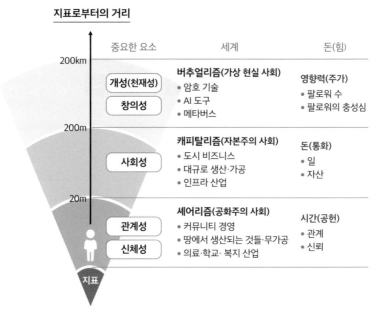

그림0-3 각 세계에서 다른 돈의 정의

지표로부터의 거리

중요한 요소	세계	돈(힘)
개성(천재성) **창의성**	**버추얼리즘(가상 현실 사회)** ● 암호 기술 ● AI 도구 ● 메타버스	**영향력(주가)** ● 팔로워 수 ● 팔로워의 충성심
사회성	**캐피탈리즘(자본주의 사회)** ● 도시 비즈니스 ● 대규모 생산·가공 ● 인프라 산업	**돈(통화)** ● 일 ● 자산
관계성 **신체성**	**셰어리즘(공화주의 사회)** ● 커뮤니티 경영 ● 땅에서 생산되는 것들·무가공 ● 의료·학교· 복지 산업	**시간(공헌)** ● 관계 ● 신뢰

200km

200m

20m

지표

예를 들어, 유니클로의 대표인 야나이 타다시의 경우 캐피탈리즘에서는 말할 필요도 없는 부자지만 버추얼리즘, 셰어리즘의 세계에서는 아무 자산도 가지고 있지 않다.

버추얼리즘에서 부자의 대표적인 예는 유튜버를 비롯한 인플루언서들이다. 특히 새로운 세대의 유튜버와 인플루언서들은 캐피탈리즘 세계에서 야나이 타다시에 비하면 돈이 없지만 버추얼리즘 세계에서는 특출난 존재다.

세어리즘은 어떠한가? 그 지역의 학교 선생님을 떠올리면 이해하기 쉽다. 라멘집에서 배달 음식을 시키면 "네, 배달은 ○선생님 댁의 옆집으로 갖다드리면 되죠?"와 같은 대답을 들을 수 있다. 그 선생님이 돈을 갖고 있는 것은 아니다. 선생님은 지역에 공헌하고 있고 신뢰는 있지만 금전적인 자산은 적을지도 모른다.

앞으로의 세계에서 현명하게 살아가기 위해서는 이러한 3개의 세계에서 '돈'이라고 여겨지는 것이 모두 필요하다. 문제는 3개의 지갑에 들어 있는 가치가 각각의 지갑을 오가는 게 쉽지 않다는 데서 발생한다. 이제부터 우리는 '3개의 지갑'을 가져야만 한다. 왜냐하면 각각의 세계에서 돈 자체가 다르기 때문이다.

그렇다고 해도 현실적으로는 각각의 지갑을 갖고 올바른 방법으로 돈을 모으는 것이 쉽지 않다. 이미 소셜 미디어에서의 팔로워 수 등도 하나의 돈으로써 가치를 갖기 시작했다. 오히려 이러한 새로운 돈을 가지지 않고서는 버추얼리즘의 세계에서 살아가기 어려울 것이다.

3개의 세계에서 어떻게 돈을 벌 것인가?

지금부터는 각각의 세계에서 돈을 모으는 방법에 대해서도 간략히 설명하겠다.

캐피탈리즘에서는 노동자에서 자본가로 스스로의 입장을 조금씩 이행할 필요가 있다. 우선은 수중에 있는 10만 엔부터 주식 투자를 시작한다. 물론 처음에는 상장 주식이나 투자 신탁밖에 할 수 없다. 하지만 차츰 회사의 가치를 알아보는 법을 통해 회사의 가치를 만드는 법을 배우게 된다. 그 과정에서 본인도 회사를 만들고 투자보다 경영을 배워감으로써 조금씩 자본주의 세계에서 돈을 만들 수 있게 된다. 투자의 목적은 돈을 맡기고 기다리는 것이 아니라 적극적으로 회사나 사업에 뛰어들어 가치를 스스로 창출하는 데 있다.

버추얼리즘에서는 어떨까? 현재는 팔로워나 구독자 수가 고스란히 자산으로 직결된다. SNS 자체를 전혀 하지 않는 사람도 있는가 하면, 착실히 수천~수만 명의 팔로워를 모으는 사람도 있다. 팔로워 자산을 쌓아둠으로써 무언가를 판매하든 홍보하든 강력한 접점으로 만들 수 있을 테다. 크라우드 펀딩을 시작할 때도 강력한 뒷받침이 될 수 있다. 즉, 팔로워는 미래의 고객이 되는 셈으로 경제적인 관계가 생기는 것이다. 이러한 팔로워의 자산적인 가치는 현재의 '양'에서 미래에는 '질'에 의해서도 평가될 것이라고 생각한다.

앞으로는 페이지 단위의 랭크에서 한 걸음 나아가, 계정 랭크가 나올 것이다. 계정 랭크를 높이기 위해서는 발언이나 게시 내용을 공헌적으로 할 필요가 있다. 내가 책을 쓰는 이유 중 하나도 집필이 사회적으로 기여할 수 있는 일이라고 생각하기 때문이다.

버추얼리즘에서는 특히 신용과 영향력이 중요해진다. 나는 익명의 개인에 대해서는 절대로 나쁜 말을 하지 않는 걸 방침으로 세운 채 SNS를 한다. X(구 트위터)의 계정 하나도 자산(에셋)으로 규정해 운용하고 있다. 악플을 다는 일은 결과적으로 자산의 가치를 줄어들게 만든다. 불필요하게 적을 만들지 않고 조용하고 착실히 자산을 쌓아야 한다고 생각한다. 악플로 모은 팔로워는 어차피 금방 사라진다. 디지털 문신을 남기지 않기 위해서라도 기이한 내용이나 나쁜 말은 쓰지 않는 편이 좋다.

셰어리즘에서의 돈은 지역 사회에 대한 공헌과 시간을 쌓아야 얻을 수 있다. 지역 행사에 적극적으로 참여해야 하고 지역에 도움이 되는 활동은 무엇이든 하는 편이 좋다. 소꿉친구를 비롯한 지역 내 교우 관계도 중요하다.

도심에 사는 사람들은 이렇게 소박하지만 중요한 사항을 잊은 채 살고 있을 가능성이 높다. 천재지변이나 전쟁 등 미래를 예측하기 어려운 돌발 상황에는 버추얼리즘 세계에 쌓아둔 자산이 아무런 도움이 되지 않을 수 있다. 만약 살고 있는 세계와 장소가 소실되어 처음부터 다시 시작할 때 불가결한 것은 셰어리즘에서의 자산이므로 긴급할 때 자신이 의지할 수 있는 대비처에 덕을 쌓아두는 일이 중요하다. 단, 이러한 행위를 타산적·의식적으로 하기보다 자연스럽게 하는 게 좋다. 당연한 이야기지만 신뢰 관계는 오랜 시간에 걸쳐 만들어지기 때문이다.

목표는 버추얼리즘과 셰어리즘이다

3개 세계의 특징에 대해 정리한 것이 오른쪽의 그림 0-4다. 다음 장부터 하나씩 자세히 설명해가겠다. 그 전에 3개의 세계가 태어난 배경과 향후의 동향에 대해 언급해두고 싶다.

오래 지속된 자본주의와 공산주의의 이데올로기 싸움은 종언을 맞이하고 있다. '좌파인가, 우파인가?'가 아니라 '위인가, 아래인가?' 즉, 상류와 하류의 단절이 주제가 되어 그 대립이 2020년까지 명확해졌다. 여기서 비롯된 자본주의의 기능 부전이 계속되는 과도기에 새로운 대립 구조가 나타나고 있다. 이제 아무도 자본주의에 대해 말하지 않게 될 것이다.

또 자본주의에 따른 격차도 빈곤도 단절도 본질적인 과제가 아니다. 2025년 이후의 문제는 눈에 보이는 사회의 현실이 아니라 개개인의 세계 인식으로 전환된다. '사회는 어떠해야 하는가?'가 아니라 '개인이 각자 마음 편하게 살기 위해 어떻게 세계를 인식하는가?'로 명제가 바뀐다.

공허한 세계관이 드러난 자본주의(캐피탈리즘)에 앞서 우리가 지향하는 것은 두 가지다.

하나는 테크놀로지에 의해서 실현되는 가상 세계(버추얼리즘), 다른 하나는 땅에 발을 붙인 풍부한 생활(셰어리즘)이다. 버추얼리즘은 질적으로 낮은 해상도를 사람들의 상상력으로 채움으로써 거대해지고 있다. 물론 3D CG나 AI(인공 지능), 블록체인에 기초한 경제 시스템, 앞서 서술한 DAO 등의 민주적 해결에 의해 세계의 입체적인 구축은

그림0-4 3개의 세계 특징

	셰어리즘	캐피탈리즘	버추얼리즘
목적	신체성과 관계성 회복	사회성(질서) 유지	개성과 창의성 확장
경제	**신용주의** (문화 문맥 보전형 경제) • 문맥과 관계의 모호함을 전제로 한다 • 시간 통화 • 기장 경제 • 지역 통화 • 증여 경제	**자본주의** (착취 표백 일원화 경제) • 자본을 집약하고 가공하고 재분배한다 • 자본주의를 긍정하는 '개신교의 윤리'가 태어났다(맥스 웨버)	**인지주의** (어텐션 이코노미: 순간 주목형 경제) • 자본주의에 기초하지 않고 상대성 이론(인력)을 따른다 • 디지털 세계에서는 에너지가 문제되지 않는다
법칙	• 신용 • 증여·기장(외상) • 시간 • 피어 경제	• ROI(투자 대 효과) • r > g • 생활 필수품	• 창의성 • 개성 • 트렌드
이미지	**효과(질)** • 매끄러운 경제 • 신체 리듬에 맞는 경제	**효율성(양)** • 기능적 • 기계적	**가치관(차이)** • 허브&네트워크 • 강한 개인이 인력을 지닌다
리터러시	• 인간관계와 풍류를 즐긴다 • 시간과 스킬에 의한 공헌	• 부의 추구 • 상위 계급에 오르기 금융 기회 노동	• 강한 개성 • 빠른 캐치업
이데올로기	신체주의	갈등	의식주의
	→ 3장	→ 1장	→ 2장

→ 서장

진행되고 있지만 아직 우리의 오감(시각, 청각, 촉각, 미각, 후각)을 모두 커버하지는 못한다.

그리고 셰어리즘의 세계에서 우리는 보다 날카롭고 미세하게 오감을 사용해 세계를 파악하고 있으며, 작지만 복잡한 자연이나 사람과의 관계를 축적해가는 방법을 모색하고 있다. 땅에 뿌리를 둔 공화주의 사회를 창출하고 우리의 건강(웰니스)과 풍요로운 생활(웰빙)을 실현하기 위해서 필요한 것은 자연이나 동식물과의 연결, 풍류·계절 변화의 지각, 사람들과의 교류다. 그러기 위해서 지각 과민이 된 현대인에게는 일상 생활에서 벗어나 심신을 치유하는 생활 방식에 의한 재활 작업이 필요하다.

사실 우리 대부분은 자연이나 동물의 목소리를 듣는 힘을 잃어가고 있다. 도시의 소음을 바람이나 물에 흘려보내는 방법조차 손에 넣지 못한 상황이다. 인터넷의 발달에 의한 정보량 폭발과 우울증을 비롯한 정신 질환 발병률은 정비례 관계에 있다. 정보와 전기는 체내에 축적되는데 뇌 안에도 축적된 정보나 전기를 내보내는 방법을 잊고 있기 때문이다.

지친 우리와 황폐한 지방이 연결됨으로써 지방 창생의 흐름이 가속화되고 있다. 황폐화된 지방을 어떻게든 재생시키려는 움직임이 있지만 그 본질적인 목표는 체내에 축적된 노이즈 같은 정보와 자본주의의 분단으로 피로에 지친 도시인의 치유에 있다. 하지만 도시인들은 이를 쉽사리 인정하지 않는다. 오히려 무위한 말을 이용해 지방에 세를 과시하고 있다. 하지만 진정으로 구원받는 것은 지방 사람이 아니라 도시 사람이다.

코로나로 인한 팬데믹이나 원격 근무가 뒷받침하는 형태로 U턴, I턴이 진행되었다. 하지만 이러한 생활 방식이 자리를 잡으려면 사람들의 의식적 변화가 필요했다. 실제로 사람들은 신체적인 지각 능력을 되찾고 있다. 사람들은 몸이야말로 인간의 기반이라는 사실을 생각해낸다. 아쉽게도 이것을 모든 사람이 깨닫기까지는 아직 시간이 필요할 것이다.

CONTENTS

들어가는 말

서장 2040년까지 살아내기 위한 처방전

1장 캐피탈리즘 모든 것이 돈에 의해 움직이는 세계

버추얼리즘

네트워크상에 출현하는
새로운 질서와 제도를 가진 세계

3장

셰어리즘

자연의 리듬으로 협력하고
땅에 뿌리내리고 사는 세계

종장

3개의 세계 앞에서
의식의 차원을 바라본다

THREE

WORLDS

서장

2040년까지
살아내기 위한
처방전

3개의 세계에 대한 세부 설명에 들어가기 앞서

고개를 돌리지 말고 파탄기를 맞은

일본의 현주소를 직시해 보자.

일본이 처한 상황은 생각보다 더 심각하다.

어떻게 하면 이 불안정한 시대를 살아낼 수 있을까?

우선은 시대를 나눠 전체적인 형세로 파악해 보겠다.

그 후 다층화되는 세계에서

각각이 살아내는 지침을 찾아가자.

파탄기를 맞은 일본

붕괴하는 자본주의

자, 어두운 이야기는 몇 페이지 안에 빨리 끝내자. 2020년, 코로나 사태 즈음부터 사회를 바라보면 다양한 전조가 어른거리기 시작했다.

세계 부의 80%는 1%의 부유층이 가지며 일본 정부의 금융 완화 결과, 차원이 다른 부가 상실되었다. 하루아침에 시가총액 1조 엔이 넘는 메가벤처가 탄생하는 한편, 월 수입 15만 엔 이하로 근근이 살아가는 간병인이 동시에 존재한다. 21세기에 들어 아직도 대리 전쟁을 벌이는 동쪽과 서쪽의 패권 다툼이 진행 중이다. 1인당 생명이 불과 3천만 엔 이하인 나라에서는 값비싼 무인 전투기(드론)가 아닌 가성비 좋은 인해전술이 벌어진다. 생명은 돈보다 가벼운 세상이 되고 사람들은 그것을 당연하게 생각한다. 자본주의는 종말기를 맞고 있다.

약화되는 민주주의

정치 세계를 들여다보자. 독재 정치가 횡행하고 민주주의 국가에서도 표를 돈으로 사는 시대가 되었다. 두바이에서는 폭로 컨텐츠를 업로드하는 유튜버가, 일본에서는 전국담배판매정치연맹의 추천을 받으면서 암 퇴치를 호소하는 전 아이돌이 참의원 선거에 출마해 당선되었다. 2~3세대 국회의원이 과반을 차지하고 지식과 경험, 품성이 결여된 국회의원들이 제멋대로 날뛰는 의회를 일본 국민은 차가운 시선으로 바라본다.

국정은 이제 으리으리한 의회 건물 안에서 결정되지 않는다. 인터넷상의 가상 공간에서 이미 결판이 난다. 선거뿐 아니라, 여론은 거의 X에서 형성되고, 국회는 그저 연극 무대인 것을 모두들 알고 있다. 형식만 남은 제도와 권위를 유지하기 위해 필사적인, 으리으리한 건물들이나 미디어가 아이러니하게 보인다. 이 상황은 간접 민주주의의 종언을 말하고 있다.

국회의원이 아닌 인플루언서의 팔로워 2,000만 명이 X에 남긴 투덜거림이 국가의 방향성을 결정한다. 정치인은 무의미한 존재가 된다. 고대 그리스, 로마처럼 아고라(지금은 X인가)에서 직접 민주주의가 이루어진다. 중·참의원은 중간 관리직에 불과하다. 지방에서는 단체장과 노인이 커뮤니티의 방향을 결정한다.

체념과 같은 분위기가 도시를 뒤덮고 지방에서는 '우리 마을'이라는 사상이 깊이 뿌리내리고 있어 개혁을 꺼린다. 마치 민주주의의 끝을 보는 듯하다.

소멸하는 문화 자본

생명의 존귀함, 역사적 문맥, 문화 자산 등 계수화할 수 없는 것을 돌아보는 사람은 없고, 문화는 자본에 의해 점점 깎여나가며 얇아지고 가볍게 옅어진다. 대량 생산에 의해 제공되는 넷플릭스Netflix, 아마존 프라임Amazon prime의 콘텐츠에 의한 아편 절임 속에서 사람들의 생각하는 힘도 느끼는 마음도 약해진다.

이대로 IQ/EQ(지능 지수와 정서 지수)가 계속 낮아지면 학자들이 말하는 2040년보다도 더 빨리 싱귤래리티(인간의 뇌와 같은 수준의 AI가 탄생하는 시점을 나타내는 말)가 올 것이다. 2100년이 되면 국가라는 존재는 없어진다고 주장하는 경제학자도 있다.

사회를 뒤덮는 체념과 같은 분위기와 '우리 아이만은!'이라며 필사적으로 자녀의 미래에 개입하려는 부모들이 늘고 있다. 누가 봐도 한 시대의 붕괴 전야다. 80%의 부모가 자식만은 더 넓은 세상에서 살아가게 하고 싶어 교육에 열을 쏟아붓는다. 안타깝게도 경험과 지식, 학력보다 진정으로 키워야 할 것은 통찰력과 호기심을 바탕으로 한 주체성이다.

줄어드는 노동 시장

제대로 응시해 보자. 일본의 노동 시장에 블루오션은 존재하지 않는다. 지금의 일본에서 일을 하려고 생각한다면 잠시 멈췄으면 한다.

1945년부터 1985년을 정점으로 하는 40년간은 분명히 노동 시장이 존재했다. 1991년 일본 경제의 버블은 붕괴하고, 그 후에는 정치도 경제도 악취가 나는 것에 어물쩍 뚜껑을 덮어 왔다.

현재 일본의 노동자는 6,000만 명. 반면 연금 수급자는 4,000만 명이 넘는다. 기초 생활 수급자나 특수 단체 직원, 그 외 문화 · 학술 등에 종사하며 어떠한 형태로든 국가의 조성금, 보조금에 생활을 의존하고 있는 사람의 수를 더하면 그 수는 1,000만 명 정도 더 늘어날 것이다.

즉, 일본에서는 생산 인구와 의존 인구가 같은 비율이 되어간다. 받는 사람, 버는 사람이 반반이라는 이야기다. 이대로라면 나라가 성립될 수 없다. 우선은 스스로가 처한 현재 상황을 파악하고 이 책에서 해설하는 3개의 세계에서 생존하기 위한 힌트를 모색하기 바란다.

사회의 수명은 80년

조금 더 거시적으로 자신이 처한 상황을 파악하자. 원래 (근현대에 들어서) 한 사회 시스템의 유통 기한은 인간의 수명과 같다. 기껏해야 80년 정도다. 일본은 1945년 이후 새로운 사회와 산업을 형성해왔다.

더 이전을 생각하면 1868년의 메이지 유신, 더 이전인 80년 전의 에도 개혁에 의해 사회는 쇄신되었다. 1945년을 지금의 사회가 탄생한 해라고 본다면 2024년은 벌써 79살이다. 틀림없이 우리가 사는 사회는 수명을 다하고 있는 것이다.

연명 조치를 하며 살아가는 이 사회에서 노동 시장에 전념하는 것은 어리석은 일이다. 쇠퇴하는 국가에 헛되이 청춘과 자기 자원을 쏟아부어서는 안 된다.

요즘은 결혼을 생각할 때 상대방의 연봉을 중요시하지만 이 또한 어리석은 일이다. 부는 스톡(자산)과 플로우(연봉)로 나뉘는데, 죽음을 직전에 앞둔 사회에서 주목해야 할 것은 당연히 스톡이다. 쇠퇴기에 있는 사회에서 플로우의 성장은 일부를 제외하고 전망하기 어렵기 때문이다.

완전히 불타버린 레드오션과 같은 노동 시장에서 아직도 높은 연봉을 받고 있는 사람은 대략 세 가지 유형으로 나뉜다. 과거 70년간 만들어진 계층의 상위에서 태어나 우연히 안정된 직업을 가진 자, 약자로부터 어떠한 착취를 하고 있는 자, 나머지는 이 사회에 무임승차하여 수입을 얻는 패거리다.

시대를 전체적으로 바라보면 떠오르는 '네 가지 주제'

이러한 위기를 인식한 후 파악하고 싶은 것은 네 가지 시기와 각 시기에 주류가 되는 주제 즉, 성장기와 정체기, 침체기, 파탄기(각각 노력, 개성, 치트, 혁명)다.

각 시대별 유행을 정리해두겠다. 각 시대를 풍미한 지배적인 분위기를 언어화하고 파악해두면 과거로부터 배우고 미래를 바라보며 현재의 행동 규범을 정할 수 있기 때문이다.

침체기(2001~2021년)에는 치트(빠져나갈 구멍)나 프리라이드(사회에 무임승차)가 유행한다. 악취가 나는 것을 덮어 부패를 감추지만 현실은 지반이 무너져 내리듯 침하하고 있다.

그러나 앞으로가 문제다. 파탄기에는 더 폭력적인 일이 일어난다. 일본은 2022년부터 2025년까지 파탄기에 들어섰다. 습격, 폭도, 사변, 비밀 경찰, 내셔널리즘의 대두, 군비 증대가 대표적이다. 앞으로 백주 대낮에 버젓이 폭력이 횡행해서 외출할 때 조심해야 할 날이 올지도 모른다.

너무나 안타깝다. 나는 2차 세계 대전 이후부터 80년 사이에 일본은 물질적 풍요에서 한 차원 위의 사회로 진화할 가능성을 지니고 있었다고 생각하기 때문이다. 하지만 현재 일본은 생각과는 다른 방향으로 가고 있다. 실제로는 다시 한번, 150년전(2 사이클 전)부터 같은 흐름을 반복하고 있다.

아마 앞으로 한 번쯤은 '○○사변'이라고도 불러야 할 큰 문제가 생길 것이다. 당연히 그러한 봉기는 진압될 테다. 그래도 집단의 반항적인 무의식은 서서히 양성·축적되어간다. 진정한 변혁이 이루어지는 것은 그 이후다.

일본인 2명 중 1명은 서민으로 추락한다

얼마 전 X에서 설문을 실시했는데 지향하는 방향성이 현상 유지의 순교파(11%), 지방으로의 분산파(41%), 국외로의 탈출파(19%), 사회를 바꾸는 혁명파(28%) 4개로 나뉘는 결과를 얻었다.

몇 년 전 '상급 국민', '하급 국민'과 같은 말로 사회 계층이 야유를 받는 일이 있었지만 앞으로는 계층이 더 세분화될 것이다. 우선 안전이나 품질 좋은 의식주, 싼 가격에 주목한 슈퍼 화이트칼라가 전 세계에서 도쿄로 들어온다. 이제 도쿄의 중심지에 살 수 있는 사람은 일부 엘리트와 인프라를 지탱하는 노동자뿐일 것이다.

여기서 이해해야 할 점이 있다. 도쿄는 일본의 일부가 아니라 독립된 국제적 도시 국가가 된다는 점이다. 이곳에 사는 사람들은 '도쿄인'이다. 한편 지방에서도 제대로 된 민주 정치의 높은 참여율과 삶의 관용도를 갖춘 커뮤니티가 중요해진다. 그곳에 사는 사람을 '시민'이라고 부른다.

도쿄인과 시민 어느 쪽에도 들어갈 수 없다면 서민이다. 50~60%

의 일본인이 서민이 될 것이다. 이들은 쇠락하는 일본의 재정과 사회 보장의 결여에 괴로워하게 된다. 이와 함께 고독도 증가한다.

향후에는 일본이라는 틀에 선택지가 한정되는 것이 아닐 것이다. 시야를 지구로 넓힌 국외(글로벌)나 지역(로컬) 2개밖에 선택지가 없다. 여러분은 어느 쪽에서 살아갈까?

우리가 할 수 있는 일

인구 구성으로 이해하는 세대별 고민

모든 사람은 각기 다른 고민을 가진다. 인간은 역시 환경의 노예며, 특히 일본인들은 삶의 대부분이 사회 환경에 붙들려 있다. 자신의 문제라고 생각하면서도 사실 인생의 절반 이상은 사회의 문제에 좌우된다. 섬나라란 그러한 것이다.

그러므로 지금의 고민을 세대별로 제대로 정리해두고 싶다(39페이지의 그림 1-1). 그림을 보면 바로 알 수 있듯이 일본의 인구 구성은 쌍봉낙타의 형태로, 단카이 세대*와 그 자녀인 단카이 주니어 세대가 압

---

* 제1차 베이비붐이 일어난 1947~1949년 사이에 출생한 세대

도적으로 많다. 그래서 경제도 정치도 이 두 세대의 영향을 받기 쉽다. 단카이 세대는 중요한 표밭이기 때문에 사회 보험료는 앞으로 내려갈 일이 없고, 이들이 현역으로 활동할 때는 노동법 개정을 할 수 없었던 셈이다. 낙타의 등 사이에 있는 버블, 유토리*, 사토리** 세대는 자연스럽게 사회의 마이너리티가 되어 정치·경제에 좌우되기보다 마이 페이스로 사는 길을 택하기 쉽다.

단카이 세대가 한 학년에 약 200만 명, 그 자녀인 단카이 주니어 세대도 마찬가지로 약 200만 명이었는데, 단카이 주니어 세대의 아이는 한 학년에 100만 명도 없는 현실이 쌍봉낙타 인구 구성의 슬픔이다. 저출산의 무서움을 엿볼 수 있다.

다시 오른쪽의 그림 1-1을 보자. 지금의 10대나 20대가 낳을 아이의 수는 아마도 한 학년에 50만 명도 안 될 것이라고 예상한다. 즉, 불과 두 세대 사이에 아이의 수가 200만 명에서 50만 명으로 줄어버리는 것이다.

이러한 현실을 보란 듯이 아직도 노인에 대한 과보호 정책을 지속하고 있는 정치인들은 금융 완화라는 명목하에 몇 백 조 엔을 녹여내 문제를 일으키는 것이라고 말할 수밖에 없다. 어쨌든 여유가 없는 일본에서 미온적인 정치를 한다면 정말 나라를 망치게 된다.

---

* 　교육 시간과 교과 내용이 대폭 축소되어 교과 외 시간으로 '여유(유토리) 시간'이 도입된 교육을 받은 세대를 말한다. 1887년에서 2004년 사이 일본에서 태어나고 자란 세대다.
** 　사토리는 '깨달음'이라는 의미로, 마치 불교에서 득도한 듯 욕망을 억누르고 사는 세대를 뜻하는 신조어다.

그림1-1 세대별 인생의 테마도 고민도 다르다

연령별 인구 분포와 연대별 금융 자산 보유액(중앙값)

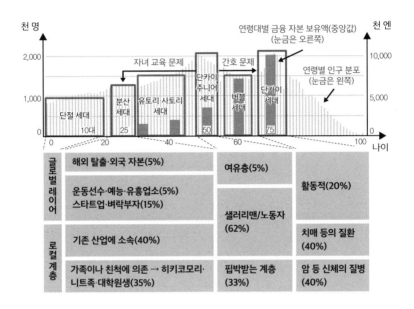

출처: '2021년 인구 추계', '가계의 금융 행동에 관한 여론 조사'를 바탕으로 블루마린 파트너스가 독자적으로 작성.

서로 나누면 남고 서로 빼앗으면 모자란다. 전체가 생존하는 최적을 추구해야 개인에게 최적·최고의 수단이 되기 때문에 우리는 문제를 사회 전체로 파악해 개개인을 포섭해가야 한다.

10대인 당신에게:
호기심과 심리적 건강을 중요시하며 살아라

지금의 10대는 완전한 단절 세대다. 교육에서도 생활 환경에서도 급진적으로 계급화가 진행되고 있어서 부유층 자녀와 하류층 계급의 자녀는 결코 서로 어울리지 않는다. 부모들의 관심은 단 하나뿐이다. 일본이 어떻게 되든, 자신의 자녀만큼은 세계에서 살아갈 수 있는 힘을 가졌으면 하고 바란다. 이 아이들은 경쟁에서 지면 로컬로 향할 것이고 잘 교육해서 경쟁에서 이기면 세계로 뻗어나갈 수 있다.

다만 로컬과 세계를 나누는 기준은 학력이 아니라는 사실을 말해두고 싶다. 결코 입시 등급도 아니다. 바로 아이들의 센스와 에너지양이 기준이다. AI는 입시 등급으로 나오는 점수의 천적이고, 20세기의 기준인 입시 교육은 2040년이 되면 21세기형 센스 교육으로 재구축될 것이다. 의대도 법대도 지식이 아니라 윤리와 센스를 지녔는지 확인하는 시험으로 대체된다.

당신의 아이에게는 부디 학교에서 가르치는 지식 이상의 센스를 연마하도록 일깨우자. 아이에게 다른 사람과의 교류, 예술과 자연을 접할 수 있는 기회, 완성품을 주는 것이 아니라 재료를 만들고 궁리하여 스스로 만드는 과정을 제공해주었으면 한다.

만약 당신이 일반적인 공립 학교에 다니는 초등·중학생이라면(이 책의 독자 중 이 나이의 사람이 없겠지만) 학교 공부나 행사에 적당히 열심이어야 한다고 조언하고 싶다. 읽고 쓰고 셈하기는 중요하지만 학교에 다니는 것이 스트레스라면 등교하지 않아도 된다. 오히려 자신의 호기심과 심리적 건강을 중요하게 생각하며 살자. 제발 마음대로 살았으면 한다.

몬테소리나 슈타이너 교육을 받고 있거나 해외의 기숙 학교를 다니는 등 선진적인 교육을 받으려는 시도를 하고 있거나 초엘리트 사립 학교를 다닌다면 다소 보람이 있을지도 모르겠다. 하지만 지금의 교육 시스템은 노동자를 양성하기 위해 설계된 것이다. 당신들이 사회에 나가는 때는 지금으로부터 10~20년 후라서 이미 80년이 늦은 교육을 받고 있는 것이다.

진정한 학문은 다른 커리큘럼을 이용해 스스로 익혀라. 엘리트가 되려면 노블레스 오블리주(신분이 높은 사람은 그에 따라 해야 할 사회적 책임과 의무가 있다는 뜻의 프랑스어)를, 자유인이 되고 싶다면 스트리트 스마트(실천가)의 힘을, 지구 시민(장소에 구애받지 않고 전 세계에서 활약하는 사람들)이 되고 싶다면 세계 상식을 배워라.

만약 당신이 대학생이라면 적어도 취직을 향해서 안이하게 스킬이나 경험을 쌓는 행동은 피하도록 하자. 지금의 일본에서 취직해도 좋은 회사는 퇴사 후에도 주름잡을 수 있는 대기업이나 진정으로 비즈니스의 힘이 센 외국계 회사뿐이다. 취업 사이트에 올라오는 90%의 기업은 시대에 뒤떨어져 있고, 당신들의 시간은 노동이라는 형태로 착취당할 것이며, 새로운 시대가 왔을 때 그 지식과 경험은 도움이 되지 않을 것이다.

20대인 당신에게:
세대 간의 연대로 살아가라

자본주의에 지친 젊은이들이여, 지금 일본을 떠나라. 부를 얻고 싶으면 미국으로, 풍요로운 삶을 살고 싶으면 유럽으로, 삶의 기운을 얻고 싶으면 아프리카로 가라.

서점에 늘어선 파이어족(FIRE: Financial Independence, Retire Early)의 책을 보며 조기 은퇴를 동경하거나 그 사상을 함부로 믿어서는 안 된다. 돈은 아무리 모아도 그다지 의미가 없다. 돈이 있다고 해서 안심할 수 있는 건 한순간이다. 이 책에서 제시하는 새로운 세계에서는 돈 자체의 가치나 의미는 그다지 없다. 언뜻 자산이 있는 듯 보여도 언젠가는 사용할 수 없게 된다. 만약 목돈을 얻고 싶다면 인생의 기반을 공고히 하는 데 사용해야 한다.

특히 자신과 가족의 건강, 집 수리나 개축 등을 비롯한 생활 기반의 정비, 지식과 교양을 흡수하기 위한 지출(가정 교사 비용이나 대학원 학비, 무언가를 배울 때 지출하는 비용) 그리고 사업 기반 마련이나 조직으로의 투자 등에 집중하라고 말하고 싶다. 자산의 80%는 미래에 할당하자는 의미다. 구체적으로 말하자면 지금은 적극적으로 친구를 만나고 서로 도와주며 당신이 앞으로 계속해나가고 싶은 사업을 위한 공부 등에 시간을 쓰라는 말이다.

이렇게 해도 답이 없는 커리어, 돈도 없는 현실이 불안할 것이다. 노동 시장에는 블루오션이 없고 기존 산업에는 꿈도 없다. 아티스트나 인플루언서의 길은 열려 있지만 수요는 적고 수명은 짧다. 안이한 벌이의 추구는 그 후의 긴 인생에 리스크가 될 수 밖에 없다. 스타트업이나 해외 경력을 쌓는 일은 좋지만 기본 이상의 능력과 체력이 요구된다. 가정에는 평온함이 없고, 일에는 미래가 없다. 시행착오와 세대 간 횡적 연대로 살 수밖에 없다.

회사 조직으로 피신하려면 대기업에 입사해라. 시장에서 생존력을 익히려면 빨리 자신의 스승을 찾아 그 프로페셔널한 조직에 제자로 들어가야 한다. 학생들의 안정적인 취직처로 인기가 있는 IT벤처 업계에 근무하며 왠지 모를 안정감을 얻고 있는 사원도 헛되이 있을 수 없다. 일정한 비즈니스 리터러시는 몸에 붙을지 모르지만 그래도 노동에 사로잡혀 있다는 사실에는 변함이 없다. 이러한 비즈니스직은 방문 판매 영업의 다른 말에 불과하며 그 영업 경험이나 스킬은 일본에서만 통용된다.

게다가 지금 다니는 회사를 3년 안에 그만둘 것이라면 지금 바로 다시 생각해 봐야 한다. 나이가 들수록 관성의 법칙이 작용해 이직하기 힘들어진다. 실제로 신입 사원의 3분의 1은 3년 안에 첫 직장을 그만둔다. 대부분은 인간관계에서 기인하는 문제와 멘탈의 붕괴 때문이다. 그렇게 되면 커리어도 삶의 질도 상당히 낮아진다.

백수인 당신은 미래가 걱정되는가? 아니, 오히려 운 좋은 처지일지도 모른다. 불만도 불안도 크겠지만 심신은 분명 건강할 것이다. 느긋하게 재주를 갈고 닦으면서 다음 시대의 물결을 타자. 당신은 대체로 정답의 길을 가고 있을 것이다.

30대인 당신에게:
고전을 읽고, 일 이상으로 건강에 의식을 집중하라

회사에서 일하는 30대들은 어떻게 생각하고 있을까? 충분한 월급을 받고 있다고 해도 일에 마음을 두지 않을지도 모른다. 실제로 업무 관계(의욕)와 인게이지먼트(충성심)에 있어 일본은 세계에서도 최저 수준이다.

만일 충성심도 없고, 대우도 별로인 미묘한 회사에 다니고 있다면 공부하자. 고전을 읽자. 그리스, 로마, 중국, 고지키*나 니혼쇼키**도 괜찮다. 시간의 검증을 견뎌온 고전은 도움이 된다. 단순한 지식이 아니라 본질의 이해와 그 현실로의 응용이야말로 진정한 교양이다. 고전은 교양을 준다. 지식이란 체계화된 정보다. 정보란 부품이다. 고전을 전부 읽을 여력이 없다면 유튜브로 해설이라도 듣자. 바람직하지는 않지만 고전에 입문하기엔 좋다.

대기업에 다녀 행운이라고 생각한다면 센스가 없는 것이다. 대기업이란 월 30만 엔의 기본 소득을 지급하는 생활 보장 제도에 지나지 않는다. 살아내는 스킬이나 자세는 따로 연마해야만 한다.

옛날에는 취업 시장에서 꽃으로 여겨졌던 방송국, 신문사는 조만간 축소·통합된다. 거대 메이커, 교통·건설 등의 인프라 기업을 포함해 일부 상장 기업 중 60%는 침체·쇠락할 것이다. 앞으로 엔화가 폭

---

*　일본에서 가장 오래된 역사서.
**　일본 나라시대에 관찰官撰된 역사서.

락하면 적어도 일본에서는 회사가 존재할 수 없게 된다.

태평한 직업의 대명사인 공무원도 잘리지 않을 것이라 생각하겠지만 늘 공부를 해야 하며 사회에 맞는 업데이트가 요구된다. 그리고 그 시간과 비용은 스스로 내야만 한다. 평생 직장이 보장된 만큼 박봉인 공무원은 휴일이나 근무 후의 시간을 공부에 할애해야 하는 것이다. 모처럼 세상과 동떨어져 살아갈 수 있을 텐데 '시장의 수준에 맞추라'고 하니 전혀 수지 타산이 맞지 않기 때문에 다른 선택지를 모색하게 된다.

프리랜서라면 우선 당분간 생활 비용을 극한까지 낮출 준비를 하자. 곤도 마리에의 말처럼 설레지 않는 물건은 버리고, 스트레스가 큰 인간관계는 정리하고, 다시 한번 어학 공부를 하자. 적당한 수준이어도 좋으니 영어나 다른 언어를 할 수 있도록 준비하자. 그러면 더 큰 세상 속에서 당신의 클라이언트나 동료를 찾을 수 있다. 돈은 중요하지만 신뢰와 신용이 더 중요하다. 신뢰는 공헌·행동(doing)에 의해서 쌓이고 신용은 자세(being)가 쌓아올리는 것이다. 파트너를 만들고 서로 어울리며 살자.

벤처나 중소기업 경영자는 힘들 것이라고 예상한다. 고용인도 비즈니스도 가족도 지킬 것이 너무나 많다. 포기하자. 패러다임은 바뀐다. 오래된 사업이라면 손을 놓자. 조금 더 노력해서 어떻게든 될 일이라면 주식을 양도해서라도 타인을 간부로 들여(많은 사람을 봐왔지만 혼자서는 무리다), IPO나 M&A의 마켓에서 회사에 가격이 매겨질 때까지 노력하자. 그것이 당신의 연금이 된다.

무리는 금물이다. 일 이상으로 건강에 주의를 돌리자. 면역력을 높이는 최고의 방법은 운동도 식사 제한도 아니다. 하루하루를 기분 좋게 보내는 방법뿐이다.

40~50대인 당신에게:
부모님을 의지하며 건강 지식을 익히고 실천하라

가장 괴로운 세대는 45~55살의 단카이 주니어 세대다. 육아 부담에 더해 향후 5년 이내에 부모(단카이 세대, 특히 75~85살)의 간병 문제를 떠안게 된다. 물론 사회와 산업의 변화에 따른 업무의 부담도 크다. 부모, 자신, 자녀라는 세 방향을 돌아볼 시간도 돈도 전혀 여유가 없다.

45~55살에게 중요한 것은 생전 증여를 포함해 어떻게 부모에게 의지하느냐다. 연령대별 금융 자산으로 보면 이 세대는 부모가 가진 재산에 비해 3분의 1도 갖고 있지 않다. 이유는 물론 단카이 주니어 세대의 부모는 일본의 성장기 때 현역이었고, 단카이 주니어 세대들은 쇠퇴기의 현역이기 때문이다. 그러니 경제적인 면에서는 주눅 들지 말고 솔직하게 부모에게 의지하기 바란다. 그것도 치매가 시작되기 전에 대화를 해두어야 한다. 어쨌든 여유가 없기 때문이다.

또 부모를 돌보는 일에 대해 얼마나 빨리 지식을 습득하고 주의를 기울이는지가 중요하다. 멀티 태스킹으로 정신적으로나 체력적으로 에너지가 필요한 이 세대에게 필요한 것은 건강에 관한 지식 습득과 실천이다.

대기업에 다니는 샐러리맨은 어쨌든 기를 쓰고 현실을 외면하고 있을지도 모른다. 분명 그러한 삶도 가능할 것이다. 하지만 퇴직할 때까지 약 20년 동안 당신은 돈을 받으면서 죽은 척 지낼 수 있을까? 산다는 것은 몸이 죽지 않는 데에 그치는 것이 아니다. 인생은 창조의 과정이며 약동하는 정신으로 하루하루를 활기차게 보내고 미래를 여는 것이기 때문이다.

일이 인생의 전부가 아니다

충분한 돈이 있다면 빨리 은퇴하자. 스티브 잡스가 죽기 전에 뭐라고 했는가? "적당한 재물을 쌓은 후에는 사랑하는 사람과 지내며 즐겨야 한다."라고 했다. 알리바바의 창업자인 마윈은 그 말을 듣고 진작에 은퇴했다. 게이츠 가문에는 '인생의 절반에는 벌고 나머지 절반에는 다 써라'라는 가훈이 있다. 그래서 빌 게이츠는 사회 가치를 창출하기 위해 돈을 쓰느라 바쁘다.

로마의 철학자 세네카는 "인생은 짧다. 철학을 생각하는 편이 낫다."라고 말했다. 그는 황제 네로의 가정 교사였다. 지금으로 말하면 관료의 수장으로 내내 바빴다. 마지막에는 전 재산을 내주는 대신 은퇴를 허락받았다.

당신에게 생활할 수 있을 정도로 돈이 있다면 버는 것은 그만하고 진짜 일(다른 사람이나 사회에 도움이 되는 일)을 공짜로 하거나 돈을 내어서라도 하자. 또는 은퇴해서 풍류를 즐기고 동서고금, 삼라만상을 알며 즐기자. 진짜 일로 돈을 얻으려고 해서는 안 된다. 그건 너무 복잡하다. 이제 돈을 얻는 행위와 일(즉, 다른 사람이나 사회에 공헌하는 것)은 연결되지 않는다. 일과 노동은 분리하자. 그것만으로도 고민은 줄어든다. 생활은 검소하게, 가능한 자연 속에서 살자.

'노인 피해'는 틀렸다

최근 일본에서는 '노인 피해'라는 말이 유행이다. 하지만 이는 잘못됐다. 한때 젊었던 사람들 즉, 노인들이 일본의 지금을 만들었다. 그 과정에서 자산을 쌓으면서 지금 연금 등의 형태로 혜택을 누리려고 한다. 다시 말해, 지금 일본의 토대나 인프라는 노인들의 것이다. 다음 세대로 승계되는 일은 없다. 옆에서 불쑥 튀어나와 "나한테 넘겨."라고 하는 쪽이 잘못된 것이다. 우리는 우리들이 제로부터 산업을, 사회제도를, 그리고 나라를 만들어야 한다.

더 나아가 우리가 해야 할 일은 기존 사회, 산업을 '끝낸다'는 것이며 레이와*의 대정봉환**을 이루고 새로운 사회의 디자인을 하는 것 그리고 새로운 산업의 창성에 전념하는 것이다. 그러기 위해서는 구사회의 시스템과 구 산업에 속해 있어서는 안 된다. 노동자로서 어중간한 기업에 소속되어 하루하루를 보내려 해서는 안 된다는 말이다.

---

* 일본의 연호로 2019년 5월 1일부터 사용하고 있다.
** 에도 막부가 메이지 천황에게 국가 통치권을 돌려준 일로, 정치적으로 혁신적인 사건을 의미한다.

'어쩌면 좋지'라고 절망하지 말고 들어주길 바란다. 지금 당장 착수할 일도 많다. '무슨 도움이 되지?'라고 당황할지도 모르지만 다음의 리스트를 훑어보자.

- 졸업 앨범을 찾아 어린 시절, 청년기의 친구들과 연락을 주고받자.
- 몇 년 만의 동창회를 기획하자.
- 올해는 메일이 아닌 종이 연하장을 보내자.
- 어렸을 때 갔던 근처 바닷가로 가서 모래사장을 맨발로 걷자.
- 마당이 있다면 식물의 씨앗을 심어보자(그 김에 진흙놀이를 하자).
- 본가로 돌아가서 가족 중 아무도 사용하지 않게 된 물건을 중고나라나 중고 서점에 팔자.
- 지금 자신이 살고 있는 지역이나 고향의 역사를 조사하자(Wikipedia라도 좋다). 가능하면 문화 회관이나 향토 자료관을 방문하자.
- 나에게 가장 수지가 맞는 아르바이트가 무엇인지 생각해 보자.
- 암호 화폐 지갑을 만들고 저금의 10%라도 돈을 옮겨두자.
- 아이와 함께 지금 유행하고 있는 것을 진지하게 해 보자.
- 미래를 대비하여 번 레이트(가진 돈/한달간 드는 비용)를 계산해 보자.

이 리스트가 의미하는 바를 지금은 알 수 없겠지만 전혀 문제없다. 이 책에서 순서대로 설명하겠다. 앞으로 일어날 세상의 변화를 이해한다면 위에 기록된 행동 하나하나에 담긴 의미를 이해할 수 있을 테다. 가장 중요한 것은 최근 몇 년간 급속도로 변화한 세계와 정세를 부감적으로 파악해 향후 20년 즉, 2040년까지 자신의 생활 방식과 스타일을 확립하는(언어화하는) 기회로 삼는 것이다.

다음 장 이후에는 시야를 단번에 넓혀 이번 장의 핵심이 되는 '3개의 세계'에 대해 상세히 기술한다. 앞서 언급했듯이 자본주의와 사회주의의 대립은 끝이 났고, 세계는 3개의 층으로 갈라지기 시작했다. 3개로 분화하고 있는 세계는 일본은 물론 보편적 현상으로 모든 지역을 뒤덮어간다. 세계 곳곳에는 전혀 다른 경제 사회 시스템이 작동하며 삶의 방식도 일률적이지 않다. 우선은 각각의 세계가 지향하는 방향성과 관계성부터 살펴보자.

사는 데 중요한
다섯 가지 요소

3개의 세계가 지향하는 것

3개의 세계가 각각 지향하는 점은 대체 무엇일까? 물론 각각의 세계는 확고한 목적을 가지고 진화하고 있는 건 아니다. 많은 사람들의 의식의 집합체로서 시행착오를 거듭하며 각 세계의 규칙이나 시스템이 밑에서 위로 구축되고 있는 것이다.

그렇다고 해도 각 세계에는 어떠한 목표 방향성이 있는 것도 틀림없다. 이를 알기 위해서는 우선 우리 인간이 살아가는 데 있어서 불가결한 요소를 생각해 봐야 한다. 분화하는 3개의 세계는 인간에게 필수불가결한 요소를 다른 형태로, 현실적으로 충족하고자 나타난 삐뚤삐뚤한 3층 구조라고 할 수 있기 때문이다.

인간이 살아가는 데 필요한 요소는 다음의 다섯 가지다.

그림1-2 인간성의 다섯 가지 요소와 각각의 관계

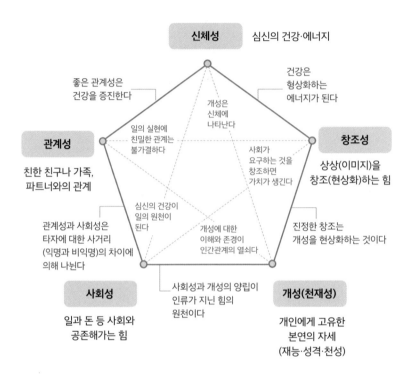

- ✓ 사회성: 일, 돈 등 사회와 공존해가는 힘
- ✓ 관계성: 친한 친구나 가족, 파트너와의 관계
- ✓ 신체성: 심신의 건강·에너지
- ✓ 창조성: 상상(이미지)을 창조(현상화)하는 힘
- ✓ 개성(천재성): 개인의 고유한 자세(재능·성격·천성)

다섯 가지 요소는 사람에게 빼놓을 수 없는 것이지만 그 요소 간의 관계 또한 중요하다. 인간성의 다섯 가지 요소와 각 관계에 대해서는 왼쪽의 그림 1-2에 정리하였으니 살펴보기를 바란다.

이러한 요소를 개별적인 형태로 채우려고 나타나는 세계가 그 성립도 구조도 다른 3개의 세계인 것이다. 3개의 세계와 다섯 가지 인간성의 관계를 간결하게 말하자면, 우리는 사회성(돈이나 일)을 추구하며 '캐피탈리즘'에 끌려가면서도 신체성과 관계성의 회복을 추구해 '셰어리즘'으로 회귀하는 것임과 동시에 개성(천재성)과 창조성의 발휘·확장을 찾아 '버추얼리즘'에 뛰어든다는 구도로 파악할 수 있다.

불안정한 시대를
살아내기 위해

인간을 구성하는 다섯 가지 요소를 키우자

불안정한 시대를 살아내기 위해서 필요한 것은 앞에서 소개한 인간을 구성하는 다섯 가지 요소 즉, 사회성과 관계성, 신체성, 창조성, 개성을 길러 3개의 세계를 유연하게 건너다니는 지혜다. '들어가는 말'에 있는 질문들을 다시 한번 살펴보자.

- ✪ 왜 IT 사업가들은 하루아침에 수백억에서 수천억 엔의 엄청난 부를 손에 넣을 수 있을까? 그리고 그 돈은 실제 생활에서 쓸 수 있는 것인가?
- ✪ 사회에 도움이 된다고 생각되는 직업 예를 들어, 보육 교사나 간병인의 급여는 왜 놀라울 정도로 낮은가?
- ✪ 날마다 미디어에서 보는 메타버스나 Web3·0, NFT 등 새로운 말에 대한 불

안감과 불신감은 어디에서 오는 것인가?

- 정부가 추진하는 전원도시 구상이나 지역 활성화 사업에서 수상한 냄새가 나는 이유는 무엇일까?
- 왜 일론 머스크는 트위터를 6.4조 엔(440억 달러)에 인수했을까?
- 스마트폰이 보급되었는데 왜 아직도 국회를 현장에서 하는가? 애초에 국회 의원은 왜 그렇게 믿지 못할 법한 사람이 많은 것일까?

이러한 질문들에 대답하기 위해서는 지금까지 서술한 3개 세계와의 관계를 살펴봐야 한다. 여기에서는 간단하게 답을 언급하지만 독자 여러분은 상세하게 이 책을 읽는 것으로 보다 명확한 답에 도달할 테다.

왜 IT 사업가들은 하루아침에 수백억에서
수천억 엔의 엄청난 부를 손에 넣을 수 있을까?

IT 사업가들이 하루아침에 엄청난 부를 손에 넣을 수 있는 이유는 주식 시장에서 주가가 오르기 때문이다. 왜 주가가 많이 오르는가 하면 그것은 IT로 만들어진 서비스가 전 세계 사람들을 상대할 수 있다는 것, 그 사람들에게 각각의 서비스를 제공할 뿐 아니라 서비스상에서 유저끼리 교류하는 구조를 제공하는 형태가 많기 때문이다. 이것을 '네트워크 외부성(네트워크 효과)'이라고 한다. 그리고 네트워크 외부성이 하룻밤 사이에 큰 이익을 가져다주는 이유는 자본이 아니라 지혜와 기능을 핵심으로 삼기 때문이다. 이는 버추얼리즘과 캐피탈리즘 경제 시스템의 큰 차이다.

이제까지의 캐피탈리즘은 부를 창출하기 위해서 자본을 집약해 집중 투하하고 대량 생산을 해서 얻은 이익을 재투자하는 '눈덩이 굴리기 방식의 구조'가 필요했다. 당연히 하루아침에 부를 손에 넣을 수는 없다. 하지만 버추얼리즘에서의 경제는 자본을 필요로 하지 않고, 뛰어난 서비스는 단번에 전 세계로 확산·이용되어 주가를 올리게 된다. 반대로 그 비싼 주가를 바탕으로 대량의 자금을 조달해 투하한다고 해도 버추얼리즘의 세계에서는 반드시 캐피탈리즘처럼 눈덩이 같은 이익을 올릴 수 있는 건 아니다. 자본이 그다지 도움이 되지 않는다는 것이 캐피탈리즘과의 차이점이다.

그리고 그 돈은 '실제' 생활에서 쓸 수 있는 것인가?

IT 사업가가 손에 넣은 돈은 실생활에서 어느 정도 쓸 수 있다. 다만, 그 부는 현금이 아니라 높은 주가기 때문에 주식을 담보로 현금을 차입하거나 일부를 매각해 현금으로 바꿀 필요는 있지만 그렇게까지 힘든 일은 아니다.

오히려 부를 하룻밤 사이에 얻은 사람들은 돈 쓰는 법을 배우지 못해 그 사용법을 모르거나 애초에 돈에 대해 무관심한 경우도 많다. 또 앞서 말했듯이 부를 써서 부를 낳는 캐피탈리즘의 재투자를 잘하는 것도 아니다. 그리고 생활을 위해서 큰 돈을 유효하고 쾌적하게 사용하려면 가게에서 사는 것이 아니라 사람을 통해서 서비스를 살 필요가 있는데 그러한 네트워크나 센스를 처음에는 가지고 있지 않은 케이스가 많다. 집사를 고용하더라도 최적의 인맥이 돈보다 더 중요하다. 따라서 돈을 낭비할 수도 있다.

'돈을 버는 것은 재주, 쓰는 것은 품격'이라고 하지만 IT 사업가가 실제 생활에서 돈을 유효하게 사용하고 있는가 하면 센스나 인맥의 결여로 인해 집이나 차 같은 것은 차치하더라도 풍요로운 생활을 하고 있다고 단언할 수는 없다. 이는 3개 세계와의 관계에서 버추얼리즘이나 캐피탈리즘에서 성공한 사람이 실제 생활의 무대인 셰어리즘에서는 성공하지 못하기 때문이라고도 말할 수 있다.

사회에 도움이 된다고 생각하는 직업
예를 들어, 보육 교사나 간병인의 급여는 왜 놀라울 정도로 낮은가?

연 수입과 사회 가치는 비례하지 않는다는 점을 잘 알고들 있을 것이다. 본래 돈은 사회에서의 가치를 반영해야 하지만 실제로는 그렇지 않다. 수입을 결정하는 건 소속된 계급이나 제공하는 물건, 서비스의 의존성(중독성) 또는 외부성(리스크나 비용 부담을 타인이나 사회에 강요하는 것) 등이다.

계급에 의해 소득이 결정되는 캐피탈리즘의 세계에서는 장기적으로 도움이 되는 물건이나 서비스의 대가가 지나치게 높지 않도록 설계되어 있다. 이 역시 보육 교사나 간병인의 급여가 낮은 것과 관계한다(보다 자세하게는 후술하겠다).

**날마다 미디어에서 보는 메타버스나 Web3·0, NFT 등
새로운 말에 대한 불안감과 불신감은 어디에서 오는 것인가?**

이러한 버추얼리즘 세계의 언어는 신체 감각을 소중히 하는 셰어리즘의 세계에 속한 사람에게 불안을 느끼게 만든다. 버추얼(가상)과 리얼(현실)이라는 대비 속에서 리얼을 소중히 하고 싶은 감각은 이해한다. 하지만 인간에게 신체성이 중요하듯이 개성이나 창조성도 중요한 요소며, 그것을 확장하는 버추얼리즘의 툴에 대해서도 새로운 흥미를 가지고 접했으면 좋겠다.

**정부가 추진하는 전원도시 구상이나
지역 활성화 사업에서 수상한 냄새가 나는 이유는 무엇일까?**

지역 활성화나 도시는 원래 톱 다운으로 만들어지는 게 아니다. 사람들의 무역이나 생활의 영위 속에서 자연적으로 발생해 만들어지는 것이다.

프랑스의 대형 소매업체 '까르푸'의 명칭은 15세기 후반에 파생된 '4개의 길이 교차하는 장소'를 의미하는 말에서 유래했다. 여행하는 사람들이 왕래하고 거기에 교차점이 생겨 거리가 번성한다. 이러한 자연스러운 흐름이 상향식으로 도시를 형성하는 게 보편적이기 때문에 정부가 '거리를 만듭시다'와 같은 캐치프레이즈로 지역 활성화나 도시 건설을 꾀하는 경우 유령화될 가능성이 높은 게 당연하다. 오사카의 유메시마夢洲는 과거의 오사카 만국박람회를 상정한 개발이 좌

절되어 기대만큼 사람이 모여들지 않았다. 이 밖에도 톱 다운 주도로 조성된 거리가 쇠퇴한 예는 일일이 열거할 수도 없이 많다.

왜 일론 머스크는 트위터를 6.4조 엔(440억 달러)에 인수했을까?

일론 머스크가 트위터를 인수하고 싶었던 이유는 웹을 통한 직접 민주주의 실현에 있을 것이다. 그는 경제 가치를 생각하기보다 트위터가 진정한 민주주의 실현의 도구가 될 것이라고 여겼던 듯하다. 버추얼리즘의 세계에서 지금 Web3·0이라고 불리는 것은 종래와 같은 웹을 단지 기능으로써 사용하는 것뿐 아니라 Web 속에 새롭게 '사회'를 구축하려는 흐름이며, 트위터는 민의를 수용하는 의회가 될 수 있다고 생각했을 것이다.

스마트폰이 보급되었는데 왜 아직도 국회를 현장에서 하는가?
애초에 국회의원은 왜 그렇게 믿지 못할 법한 사람이 많은 것일까?

아쉽지만 일본에서 국회의원은 전체 최적 혹은 정의를 관철하는 것이 아니라 특정 단체의 이익 대표가 되고 있다. 그러한 의원 입장에서는 기득권을 지키고 싶으므로 정치 즉, 의사 결정이라는 틀에 시민을 넣고 싶어하지 않는다. 그래서 공간적인 제약도 걷어내지 않고 낡은 의사 결정 체제를 유지하려고 한다.

일본에서 국회의원은 세습이 다수였다. 그렇다고 품격, 인격, 능력이 보장되는 것도 아니다. 현재의 의회제 민주주의는 캐피탈리즘의 세계와 같은 운명을 걷는 중이다. 캐피탈리즘이라는 컨셉 자체가 형해화되어 서서히 사람들에게 받아들여지지 않게 되는 상황이 계속되면 사회에서 국회나 국회의원의 입지도 쇠락해갈 것이다.

3개의 세계는 앞으로
어떻게 될 것인가?

부를 계속 창출하는 산업 시스템의 감속

그러면 3개의 세계는 앞으로 어떻게 될까? 서장의 마무리로 먼저 결론을 서술하겠다.

이 원고를 쓰고 있는 지금 러시아와 우크라이나의 전쟁이 계속되는 중이다. 일본에 사는 우리는 서구의 영향을 강하게 받고 있기 때문에 주요 미디어에서는 러시아를 비난하는 논점이 중심이 되지만 전쟁에 선악은 없다. 정의는 사람의 수만큼 많기 때문에 이에 대해서는 논할 가치가 없다. 단지 푸틴은 KGB(소련 국가보안위원회의 약칭. 구 소련의 정보 기관·비밀 경찰로 군의 감시와 국경 경비를 담당했다)의 전직 간부로, 왕년의 대국 소련의 꿈을 버리지 않으니 사상적으로는 시대에 역행한다고 할 수 있다. 세계는 이미 다음 단계로 나아가는 중이다. 옛

날처럼 자본주의와 공산주의의 대립이 아니다. 중요한 점은 자본주의 vs 공산주의라는 이데올로기에 의한 대립이 끝난다는 점이다.

물론 돈에 따른 격차는 벌어진다. 이것은 화폐 경제의 숙명으로 동서고금이 다르지 않다. 하지만 자본의 집약과 투하에 의해서 부를 계속 낳는 산업 시스템은 감소해갈 것이다.

땅에 뿌리를 둔 '셰어리즘'의 대두

산업 혁명으로 기세가 오른 자본주의는 정보 혁명으로 끝을 맞이하고 있다. 왜냐하면 정보 혁명으로 자본의 움직임에 가속도가 붙어, 특정 개인에게 자본의 단기 집중·이산이 반복되어 '자본 투하에 의한 장기적 대량 생산'이 성립되지 않게 되었기 때문이다.

자본주의가 만들어온 것은 비유해서 말하자면 '칼피스'*다. 즉, 진한 원액(가치의 원천)이 있고 여기에 물을 더해 옅게 만들어 마시기 쉽게 한 것이다. 차로 비유하면 옛날에는 할머니가 집에서 차를 끓여주셨지만 지금은 페트병에 보존료를 넣은 차가 곳곳에서 유통되고 있다. 옛날과 지금을 비교하는 데 의미를 두자는 것이 아니다. 할머니의 진한 차와 간단히 구할 수 있는 희석된 페트병은 단순히 질이냐 양이냐, 어느 쪽을 선택할 것인가의 차이에 다름없다.

---

*　일본의 유명한 유산균 음료.

자본주의는 비유해서 말하자면 '엷게 확대한 행위'였다. 가구부터 집, 지식부터 교양, 인간관계에 이르기까지 온갖 분야에서 세계를 '엷게 확대한 것'이 자본주의고, 당연히 잃어버린 것은 문화·문맥의 '농후함'이다. 지각이 높은 사람들은 엷게 희석된 일용품에 둘러싸이고 또 그것을 계속 만들어내는 노동 노예의 입장에 지쳐 신체성의 회복을 찾아 지방으로 향했다. 이러한 움직임과 연동하여 셰어리즘의 대두가 일어난 것이다.

구체적으로는 우선 지방 창생의 흐름을 기점으로 도시로부터의 회귀, 혹은 2개 거점의 생활이 확대되었다. 코로나는 그러한 움직임을 가속화했다. 원격 근무로 시골에서 도시의 노동을 할 수 있게 되었다. 지방으로 흩어진 사람들은 단지 지방에서 손님으로 생활할 뿐 아니라 지역을 테크놀로지와 새로운 센스로 업데이트한다. 지역 생산, 지역 소비에서 시작해 나아가 지역 고유의 가치를 발견하고 도시 국가처럼 만든다.

사람들의 긍지는 땅에 뿌리내린 그 땅 고유의 자원과 생산물, 생활에 깃든다. 장소의 브랜드화가 일어나 셰어리즘은 커뮤니티에 필요한 요소(법률, 복지, 교육, 의료, 화폐)를 독자적으로 개발해간다. 그 고장의 뿌리에 있는 에너지(토지나 식생의 재검토 예를 들어, 천연 자원으로써의 온천은 유전으로 간주된다)가 주목받을 것이다.

사람, 아바타, AI를 구별할 수 없는 '버추얼리즘'

이러한 움직임과 함께 테크놀로지의 발전이 버추얼리즘도 대두시킨다. 이른바 메타버스적인 움직임이 일어나 사람들은 여러 개의 계정이나 아바타를 갖게 되고, 스스로의 아이덴티티(존재 가치)를 디지털 공간에 짜넣는다. 버추얼리즘은 가상 공간이라고 번역하지만 사실은 디지털 리얼리티(사이버 뇌)를 말한다.

버추얼리즘 세계에서는 신체를 가지지 않는 존재끼리의 교류가 기본이다. 그래서 아바타를 움직이고 있는 존재가 인간인지, 어떤 국적이나 연령, 성별인지 그 자체는 알 수 없다. 인간이 아닐 가능성조차 있다. 예를 들어, 원숭이나 바닷가재와 같은 동물, 식물 혹은 AI일지도 모른다. 지구 밖 생명체, 더 나아간다면 다른 시공간이나 차원에 존재하는 의식체와의 교류도 가능해진다. 버추얼리즘이 가져올 인간 의식의 가능성에 대해서는 대단히 어렵지만 마지막 장에서 조금 다루고자 한다.

범용화나 획일화를 추구하는 캐피탈리즘에 지쳐 도피한 사람들은 신체성, 동료와의 관계성 회복을 찾아 셰어리즘으로 향할 것이다. 한편 테크놀로지가 창출하는 버추얼리즘 세계의 진화는 그칠 줄 모른다. 이번 세기 중반에는 세계 대부분의 사람들을 집어삼킬 것이다. 버추얼리즘의 지향점은 사람의 개성과 그 창조성의 확장으로 향한다.

그림1-3 앞으로 일어날 일의 흐름과 결말

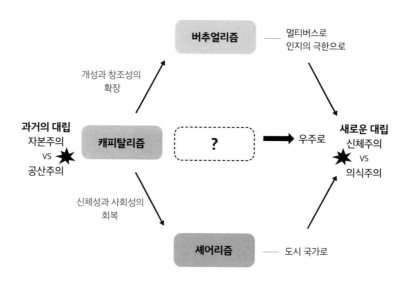

- 셰어리즘과 버추얼리즘을 기반으로 '신체주의 vs 의식주의'라는 새로운 이데올로기의 싸움이 일어난다. 자본주의와 공산주의의 싸움에서 신체주의와 의식주의의 싸움으로 무대(패러다임)가 바뀌고 있다.
- 결과적으로, 호모 사피엔스의 승리에서 알 수 있듯이 의식주의가 승리를 얻는다. 인류는 2100년에 의식적 존재가 된다. 버추얼리즘의 세계에서는 신체가 없는 존재도 참가할 수 있게 되어, 거기서 교류가 행해질 것이다.

3개 세계의 끝에 있는 신체주의 vs 의식주의

2개의 새로운 세계(셰어리즘과 버추얼리즘)를 기반으로 '신체주의 vs 의식주의'라는 새로운 이데올로기 싸움이 벌어진다(위의 그림 1-3). 급

그림1-4 의식의 구조

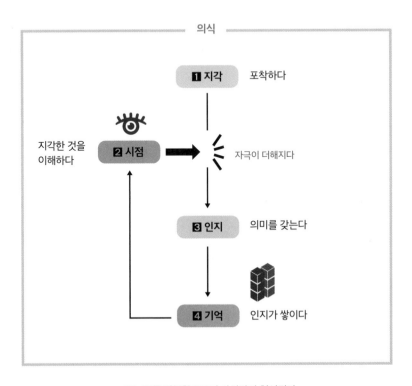

1~**4**를 반복함으로써 가치관이 형성된다

격하게 존재감을 높이는 버추얼리즘 세계에서는 새롭게 하나의 사상이 생겨난다. 그것은 '우리들의 본질은 의식에 있고 인지야말로 가장 중요하다'라는 생각이다.

우리의 의식은 적어도 4개의 요소로 나뉘어 있다(위의 그림 1-4).

지각(Perception: 무엇인가를 포착하는 것), 시점(Perspective: 포착한 현상을 이해하는 각도나 시각), 인지(Recognition: 현상에 의미를 부여하는 것), 마지막으로 기억(Recollection: 인지가 쌓여 저장된 것). 이 4개 과정을 반복하면 우리의 가치관이 형성된다. '의식 작용이야말로 호모 사피엔스인 우리의 핵심에 있는 것'이라는 주장이 나오면 '신체라는 디바이스는 버리겠다'라는 선택지도 나오는 셈이다.

반면 셰어리즘을 중심으로 삼은 사람들은 '인간의 본질은 신체에 있으며 신체를 가꾸어 건강하고 명랑한 삶을 사는 것이 우리에게 있어야 할 모습'이라고 주장한다.

양측의 주장은 정면으로 부딪히고 우리는 그 실랑이에 휘말리게 된다. 즉, 20세기 이래 지속된 자본주의와 공산주의의 싸움에서 21세기에는 신체주의와 의식주의의 싸움으로 무대가 바뀌는 것이다. 우리의 주체는 몸에 있는가, 의식에 있는가? 주체를 둘러싼 아이덴티티 투쟁이 조용히 시작되고 있다.

지나친 젠더리스와 SDGs에 대한 위화감의 정체

독자 중에도 이러한 분위기를 이미 느끼고 있는 사람이 적지 않을 테다. 인간의 신체 감각과 결합을 중요시하는 사람 중에는 디지털 네이티브라고 불리는 젊은이들의 사고 방식이나 AI 진화론, 지나친 젠더리스나 에이지리스, 인권의 주장에 대해 말로 표현할 수는 없지만 확실치 않은 혐오감이나 위협을 느끼고 있는 사람이 많을 것이다. 이는 그 전제에 '인간의 근간이라는 것은 원래 생물'이라는 사상이 깔려 있기 때문이다.

그런데 버추얼리즘의 세계로 중심축을 옮겨가고 있는 일부 사람들 중에는 의식주에 대한 생명 활동의 본체가 의식에 있다고 생각하는 사람도 늘고 있다. 그러한 사람들은 SDGs(국가 지속가능발전 목표: Sustainable Development Goals)나 지구 온난화 문제의 너무 강한 구호에 거의 관심을 보이지 않는다.

강인한 육체를 지닌 남성 수영선수가 어느 날 자신은 여성이라고 커밍아웃했다고 치자. 여성 운동선수로 선수권 대회에 출전해 압도적인 차이로 우승하는 모습을 보고 당신은 어떻게 생각할까? 신체적 특성과 자기 인식 중 어느 쪽으로 그 사람을 판단할까? 최종적으로는 신체적 특징을 염색체가 XX인지 XY인지까지 거슬러 올라가 결정할 것인지, 모든 것을 개인의 인식에 맡길 것인지 하는 지점까지 갈 것이다. 이는 곧 인간은 의식이냐 신체냐 하는 논의 즉, 신체주의와 의식주의의 갈림길 앞에 서게 된다는 뜻이다.

현재의 AI 기술은 이미 특정 개인의 성질, 생각, 표정, 행동을 상당한 정밀도로 실현할 수 있다. 앞으로는 인기 남성 아이돌이나 여성 탤런트도, 개인의 취향에 따라 생성되는 AI 연인에게 일정한 점유율을 빼앗길 것이다. 아무도 말하지 않지만 비혼, 저출산을 조장하는 최대 요인에 이러한 '가상 인간'의 생성이 있다.

더욱이 이번 세기 중반에는 로봇 기술에 의해 입체적으로 특정 개인을 복제하는 것이 가능해진다. 이렇게 되면 '사람은 죽지 않는다' 혹은 '버추얼리즘 속에서 영원히 살아간다'도 가능하다. '신체를 가지

지 않지만 살아 있다'라는 상태가 될 것이다. 우리는 이 '인간의 본체
는 의식인가 신체인가'라는 철학적 물음 사이에서 일상 생활을 영위
하게 된다.

THREE

WORLDS

1장

캐피탈리즘

모든 것이 돈에 의해 움직이는 세계

이번 장부터는

드디어 3개의 세계 각각에 초점을 맞춘다.

현대를 살아가는 우리에게 가장 익숙할

캐피탈리즘 세계부터 이야기를 시작하자.

그 기원과 구조, 실태를 이해하면

당신이 안고 있는 여러 의문이 해소될 것이다.

자본주의의 현주소

'제4주자'의 비애

우선 일본에서 본격적으로 캐피탈리즘이 기동하게 된 지점으로 되돌아가 현재까지의 역사적 흐름을 따라 그 구조를 살펴보자.

1945년 이후 벌써 78년의 세월이 흘러 더 이상 노동 시장에 아무것도 남지 않았다. 풀 한 포기 자라지 않는다. 얼마 남지 않은 산업 사회의 안개를 먹고 살며 하루하루를 허비할 것이 아니라 돈이 없는 20대까지는 노인 세대에 집중해 미래를 응시하고 구상해나가는 삶을 살아야 한다.

충분히 성숙한 사회는 자본가층과 노동자층으로 뚜렷하게 나뉜 이중 경제 구조로 되어 있다. 일반 대중 즉, 아래쪽에는 아무것도 내려오지 않는다. 정부와 은행이 아무리 돈을 찍어내도 돈은 재벌계나 대기업 임원들에 정체되어 있다.

원래 돈은 이를 발행하는 정부, 일본은행에서 도쿄의 은행, 대기업으로 그리고 그 후에야 간신히 중소기업이나 서민에게 샴페인 타워처럼 내려온다. 하지만 조용히 진행되는 계급화 속에서 상위 계급은 돈을 활용하는 법을 모른 채 사회에 가치를 창출하는 투자를 하지 않는 (할 수 없는) 상태가 계속되었다. 남아도는 돈은 주식이나 부동산으로 흘러들어가 주가, 땅값을 끌어올렸다.

최근에 와서야 간신히 '인생은 출생과 양육으로 70%가 결정된다'라는 명제가 옳다고 생각한다. 마이클 샌델이 그의 저서 『공정하다는 착각』에서 정면으로 다루었듯이, 어떤 사람이 가진 실력이나 능력에 대해 각각의 사회적 배경을 고려하지 않고 평가하는 건 공정하지 않다. 샌델은 미국 명문 대학군을 나타내는 아이비리그에 입학한 학생의 3분의 2 가량이 소득 상위 20% 가정 출신이라고 지적한다.

나는 운명에 대해 자신의 주체적 행동이 주는 영향은 30% 정도에 지나지 않는다고 생각한다. 더 자세히 말하자면 학력은 부모의 유전자 30%, 부모로부터 부여되는 문화적 환경과 교육 투자 30%로 결정된다. 자신의 노력 등은 많아야 40%며, 보통은 20~30%다. 당연히 출세의 가능성도 그에 준한다. 창업도 그렇다. 창업 성공의 대부분은 아이디어가 아니라 실행과 관련이 있는데 실행은 조달할 수 있는 자본으로 결정된다.

돈을 모을 수 있느냐 없느냐는 그동안의 삶 즉, 학력과 경력, 몸을 둘러싼 '물건' 같은 것에 좌우된다. 거짓말이라고 생각한다면 요즘 창업·상장한 사장들의 경력을 보면 된다. 자세히 조사해 보면 출신도

가문도 경력도 대단한 경우가 많다. 즉, 샌델이 새삼스레 목소리를 높여 "실력도 운이다!"라고 외칠 것까지도 없이, 모두가 어렴풋이 눈치채고 있던 사실이다.

대부분의 승부는 이미 승패가 정해져 있다. 그러니 개인을 그 자체로 평가하는 일도, 한 개인이 그 학력이나 사회·경제적 성공을 내보이며 잘난 체하거나 반대로 자기 자신을 비하하는 일도 어처구니없다는 의미다. 있는 그대로의 자신과 환경을 긍정하며 당당하게 살아갈 수밖에 없다. 당신의 상황은 당신의 탓이 아니라는 뜻이다. 괴로워하지 말라.

그런데 왜 이렇게 인생의 우승과 열패가 명백해지고 있을까? 그 이유는 명확하다. 즉, 레이스는 이제 후반전이기 때문이다. 말하자면 지금의 현역 세대는 운동회의 반 대항 릴레이에 비유하면 마지막 주자 바로 앞에서 달리고 있는 제4주자다.

제2차 세계 대전 이후 출발한 첫 주자, 바통을 이어받은 두 번째 주자(단카이 세대)까지는 아직 차이가 크지 않았다. 하지만 제3주자(단카이 주니어 세대)에서는 이제 선두에서 한 바퀴 뒤처진다. 집도 자산도 크게 다르다. 앞으로 아무리 이를 악물고 달려도 만회하기는 어렵다.

이렇게 자유도 가능성도 닫힌 상황에서 태어나 바통을 받아든 지금, 제4주자의 비애는 어느 정도일까.

제2차 세계 대전은 실질적으로 현재의 선진국 전체를 끌어들인 전쟁이었기 때문에 이 현상은 일본뿐 아니라 거의 모든 선진국에 공통되는 현상이다. 제4주자는 괴롭다. 역전이 불가능한 환경 속에서 자라 실버 데모크라시 다시 말해, 정치 상황이 노인 위주로 돌아가기 때문에 정치도 뜻대로 움직일 수 없다. 세계를 이미 뒤덮은 자본주의 게임 속에서는 윤리도 법도 문화도 놀이도 없다. 단지 돈을 쫓는 일에서 벗어날 방법은 없다고 몸과 머리로 깨닫고 있다. 제2차 세계 대전 직후라면 몰라도 지금 부모 세대가 젊은이에게 희망이나 꿈을 꾸게 하는 건 가혹하고 어리석다. 젊은이는 그저 분수를 지키며 소박하게 사는 게 현명하다는 것을 마음 깊은 곳에서부터 알고 있다.

일본의 과제는 저출산, 고령화, 빈곤의 격차가 아니다. 본질은 계급의 고정화로 인한 꿈과 가능성의 붕괴, 그 결과인 활기의 결여다. 하지만 어떤 사회 시스템도 100년은 지속되지 않는다. 기껏해야 80년이다. 제2차 세계 대전 종결로부터 80년이 되어가는 지금, 달라지는 환경 변화(이미 코로나는 기존의 가치관, 경제를 50% 바꾸고 있지만)를 응시해 제4주자도 미래를 준비를 해야만 한다.

돈을 둘러싼 세계의 변화: 편재, 분할, 역행

최근 돈을 둘러싼 세계의 분위기가 크게 바뀌었다. 키워드는 편재, 분할 그리고 역행이다. 각각 자세히 설명해 보겠다.

편재: 지나치게 편향적이라 파탄 직전인 화폐 경제

우선은 편재偏在부터 살펴보자. 일반 시민의 수입은 모조리 '70%의 경제(매출이 70%나 80%로 줄어 좀처럼 회복되지 않는 상황)'가 된 것에 반해 억만장자의 부는 코로나로 불과 반년 만에 44% 증가했다.

이렇게까지 자산이 편중되면 사회 인프라로써 화폐 경제 시스템은 성립되지 않게 된다. 게임으로 생각하면 알기 쉬운데, 한 사람이 압도적으로 우위인 상황에서는 다른 플레이어들의 열기가 식어 버리는 상황과 같다. 게임에 참가할 동기 부여가 되지 않아, 게임 밸런스가 깨지고 혁명 포기를 유발하고 만다. 본래 바람직한 것은 '편재偏在'가 아니라 '두루 퍼지는 편재遍在'다. 즉, 모두가 거의 동등하게 돈을 가지고 있는 상태가 전체의 성장을 촉진한다. 지금의 화폐 경제는 너무 한쪽으로 치우쳐 있다.

분할: 사회의 계층화는 가속적으로 진행되고 있다

두 번째는 분할이다. 아베노믹스에서 시작된 차원이 다른 돈 살포는 당연히 엔화의 가치를 떨어뜨리고 있다. 이론적으로 지금의 100엔 가치는 10년 전의 절반 수준(50엔)이다. 하지만 100엔으로 살 수 있는 건 별로 변하지 않았다. 규동의 가격도 월급도 그다지 변화가 없다. 이렇게 많은 돈을 만들어 뿌리면 규동은 300엔에서 600엔이 되어야 하고 월급도 30만엔에서 60만엔으로 늘어야 한다.

그러나 그렇게는 안 된다. 이미 서술했듯이 사회는 상하의 이층 구조로 되어 있고(분리), 찍어낸 돈은 위쪽 그릇에 쌓여 아래로는 내려오지 않기 때문이다. 그러니 아래쪽은 형편에 따라 돈을 쓰고, 위쪽에 쌓인 돈은 정체되면서 부동산이나 주식, 사치품 등 불필요한 쪽으로 흘러간다.

돈의 양이 2배가 되면 부동산 가격이나 주가가 마찬가지로 2배가 되어야 한다. 하지만 부동산 가격이나 주가는 4배가 되어버렸다. 규동의 가격과 월급이 바뀌지 않는 이유는 간단하다. 위층은 4배로 돈이 많아지면서 돈의 가치가 적어졌고, 아래층에서는 돈의 양이 늘지 않았기 때문이다. 즉, 아래층에 돈이 내려오지 않는 구조라는 것이다.

이러한 배경에는 사회의 층 분리가 있다. 아래층으로 내려갈수록 인원이 많기 때문에 선거에서는 유리하다. 이 논리에 따라 미국에서는 트럼프가 당선되었다. 자본주의에서는 패배하지만 민주주의(다수결)에서는 이길 수 있는 구조인 것이다. 하지만 그러한 흐름도 지난 2년 사이 달라졌다. 분리된 아래층이 이번에는 '분할'된 것이다. 이렇게 되면 민주주의에서도 손을 쓸 수 없다. 바이든의 승리가 그 증거다.

이 분할 통치 시스템에 의해 새로운 계급 노예 사회가 조만간 생겨날 것이라고 생각한다. 가속도로 계층화되는 사회, 그 속에서 살아남기 위해서는 규동과 캔 커피로 먹고사는 등 자세를 바꿔야만 한다.

줌의 원격 회의는 포커다. 코로나의 수면 아래, PC의 화면에 비치는 웃는 얼굴 아래에서 실은 상대방은 다른 카드(부업, 자원봉사, 이직)를 사용해, 보다 풍부한 커뮤니티로의 도주를 도모하고 있다. 자신이 서서히 진행되는 계층화 커뮤니티 중 어디에 속해 있는지 모른다면 그것은 당신이 봉이 되고 있다는 의미다.

역행: 80%의 화폐가 가치와 역행하여 나아간다

마지막으로 역행이다. 사실 지난 2년간 '화폐와 가치는 일치하지 않는다'라는 증명이 이루어진 것이 가장 큰 변화였다. 예를 들면 자동차의 사회적 비용 등이다. 경제학자 우자와 히로후미는 30년 전에 출간한 그의 저서 『자동차의 사회적 비용』에서 이러한 현상을 설명했다. 즉, 자동차는 대당 500만 엔에 팔리고 있지만 사회적으로는 대당 1,500만 엔의 마이너스를 낳고 있다고 말이다.

이와 같이, 이익이란 타인과 사회에 해로움을 강요해서 만들어내는 것으로 관례화되어 있고 이 사실을 모두가 어렴풋이 눈치채고 있던 것이다. 지금은 은행이 존재한다는 사회악이나 반대로 간병인의 낮은 급여와 높은 사회 가치 창조 등 모든 일과 비즈니스 측면에서 화폐와 가치가 일치하지 않는 현상이 계산되기 시작했다.

80%의 화폐는 실은 가치와 역행해 나아간다. 첨가물, 도박, 쓸데없는 작업과 생산성 없는 상사의 월급 등이 대표적인 예다. 이것들은 단기 이익이나 쾌락에 보답한다 해도 시간축이나 사회축에서는 마이너스 부가 가치다. 우리는 가치와 가격의 모순이 사실은 모순이 아니라 '애초에 화폐가 사회 가치에 역행하고 있는 것 아닌가?'라고 의문을 품게 되었다.

그렇게 되면 가치를 내고 돈을 받는다는 대전제가 성립되지 않게 되므로 혼란스러울 것이다. 그래도 돈은 어느 정도 필요하고 화폐 경제는 담담하게 돌아간다. 우리는 계속 돈에 얽매인다. '벌다(착취. 마이너스 가치)'라는 행위와 '일하다(공헌. 플러스 가치)'라는 행위를 반복하면서 말이다.

왜 이렇게 된 것일까? 도대체 우리는 어떻게 돈과 함께할 수 있을까? 이에 대해서는 자본주의의 구조에 대해 조금 이야기하려고 한다.

자본주의의 구조

돈으로 돈을 늘려 돈으로 갚는 경제 시스템

이탈리아 제노바에서 태어난 콜럼버스는 아메리카 대륙에 도달했는데 이후 대항해 시대의 시작이 바로 현대 자본주의 발전의 출발점에 해당한다. 콜럼버스는 스페인 왕실로부터 자금을 지원받아 신대륙을 발견하기 위한 항해를 했다. 그의 항해는 새로운 무역 루트의 개척과 새로운 토지의 정복 그리고 스페인에 부의 증가를 가져왔다. 그 결과, 스페인은 신대륙에서 부를 모을 수 있게 되었고 이후 유럽의 자본주의 발전에 크게 공헌했다. 이렇게 자본주의가 발명된 지 600년이 지나 인류는 세계의 표면을 '남김없이 태우기'에 이르렀다.

이제까지의 세계에서는 신체 노동의 부하 혹은 물건 운반과 관련된 무게감과의 투쟁이었다. 다소 복잡한 이야기로 생각할지 모르겠지만 간단히 설명해 보겠다.

자본주의에서 생성되는 것은 기본적으로 물건(물질)을 전제로 한다. 그래서 경제도 고전역학의 에너지 보존 법칙을 기반으로 수행되고 있다. 즉, 어떻게 에너지를 창출하고 어떻게 물건을 제조·수송할지가 생각의 기본이 되는 것이다. 보다 많은 에너지를 조달하고, 집약하고, 투하하고, 대량으로 제조하고, 전 세계에 유통시키는 것. 그리고 그렇게 얻은 이익이라는 에너지를 재투자하고 더욱 확장시키는 것. 이것이 뉴턴의 고전역학에 준한 경제 시스템이며 자본주의의 기본 사상이다.

에너지가 높은 곳에서 낮은 곳으로 흐르는 것과 마찬가지로, 높은 곳으로 에너지를 운반하기 위해서는 왕의 권위와 권력이 중요해졌다. 권위나 권력은 요컨대 위치 에너지다. 권위에 의해 조달되고, 돈이라는 단일 지표로 집약된 에너지는 단숨에 세계에 투하되어 전 세계를 누볐다. 고전역학에서 마찰·위치 에너지를 포함하면 에너지 전체는 보존된다는 법칙이 있듯이 이러한 에너지는 토지, 화석 연료, 자연, 기후, 동식물을 변형시킨 것이며 지금에 이르러서는 환경 문제로 그 영향력이 되돌아오고 있다. 자본주의는 기본적으로, 돈으로 돈을 늘려 돈으로 갚는 '제자리 돌아오기'의 관계로 돌아가기 때문에 그 미래의 영향은 알기 쉬웠다.

한편 앞으로 태어날 버추얼리즘이나 셰어리즘 세계에서는 다른 경제 시스템을 핵심에 두게 된다. 예를 들면, 버추얼리즘 세계에서는 어텐션 이코노미 즉, 사람들의 주목과 인지, 신용을 모은 것에 자원이 집결된다. 그것은 유전油田이나 철강 같은 물량을 수반하지 않고, 동경이나 공감과 같은 인간 심리로부터 발생하는 것이다.

버추얼리즘 세계에서는 대중 의식의 움직임이 경제 시스템의 기반이 된다. 그 에너지의 움직임을 살펴보면 고전역학이라기보다 아인슈타인 이후의 상대성 이론에서 나타나듯이 강한 중력에 이끌려 시공간의 왜곡이 발생하는 듯한 모습을 보인다. 한 사람의 강한 개성이나 영향력 부근을 다른 사람들이 돌고 있는 네트워크형 형상을 보이는 것이다.

셰어리즘 세계에서는 인간적 연결이나 지역의 기억, 문맥을 자본(숫자)으로 분단하지 않는 것을 중시하기 때문에 원래의 자본이나 화폐를 사용하지 않고 증여나 외상, 시간이나 독자적인 통화 등 새로운 경제 시스템이 중심이 된다. 이것은 부드러운 파도의 형태를 취하면서도 때로는 입자의 모습으로 변하는, 마치 양자장과 같은 움직임을 보인다. 물론 이러한 표현이 정확하다고 말할 수는 없지만 3개의 세계가 지닌 각각의 경제 시스템이 물리학의 언어로 표현되는 양상을 보이는 것은 대단히 흥미롭다.

자본주의의 기본 원리는 톱 다운

권위와 권력이 손을 잡은 것은 처음 중앙은행이 설립될 무렵부터다. 17세기 말 유럽에서는 원래 거래하던 상인들이 모인 국제 금융 네트워크가 형성되어 있었다. 신뢰할 만한 클럽에서 서로의 신용을 바탕으로 한 사적 거래의 대차가 가능해졌던 것이다. 하지만 그 상태로

그림1-5 종적 사회의 로직

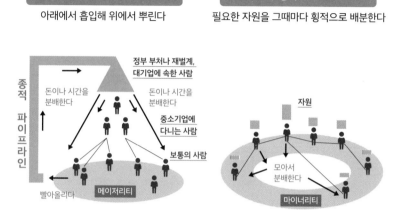

종적 사회 = 자본주의	횡적 사회
아래에서 흡입해 위에서 뿌린다	필요한 자원을 그때마다 횡적으로 배분한다

종적 파이프라인

정부 부처나 재벌계, 대기업에 속한 사람

돈이나 시간을 분배한다

중소기업에 다니는 사람

보통의 사람

빨아올리다

메이저리티

캐피탈리즘 ⟷ 셰어리즘

자원

모아서 분배한다

마이너리티

는 거래할 수 있는 사람들이나 범위가 한정된다. 그래서 상인들은 더 큰 거래를 하기 위해 왕과 손을 잡을 수밖에 없었다. 이렇게 왕의 권위와 상인의 신용이라는 양쪽 진영이 손을 잡고 1696년에 만든 것이 잉글랜드은행이라는 중앙은행이었다.

이후 권위가 위에서 아래로 흐르는 서열화된 종적 사회에서 자원을 빨아올려 위에서 샤워기의 물방울처럼 흩뿌리는 시스템이 구축되어왔다(위의 그림 1-5).

캐피탈리즘이 제공하는 것은 생활에 필요한 일용품(익명의 제품이나 서비스. 예를 들면 돈, 표, 에너지)이다. 사람들이 굶주림에 시달리던 시대에는 이것이 편리했다.

자본주의의 기본 원리는 톱 다운이다. 밑에서 빨아올린 세금을 위에서 내려준다. 첫 번째는 정부 부처, 대기업, 다음은 중소기업, 마지막은 서민이다. 이 상의하달식 시스템은 보이지 않는 계급이 있던 시대에 성립된 것이지만 현재는 마이너리티(소수파)의 증가에 의해서 기능 부전에 빠져 있다.

자본주의로 사람이 행복해지는 일은 없었다. 행복의 본질은 일체성이고 자본주의의 본질은 분단에 있기 때문이다. 즉, 일반 대중이 물질적으로 풍요로워지면 위는 더욱 풍요로워지는 것이고, 그 정신적 거리는 더욱 넓어질 뿐이다. 행복에 있어서 중요한 것은 물건의 양이나 수준을 올리는 것이 아니라 그 차이를 줄이는 것밖에 없다.

돈은 인류 최강의 언어다

자본주의가 세계를 지배한 이유는 단순하다. 자본주의에서의 가치는 화폐 즉, 돈을 쓴다는 전제가 있고 돈이라는 숫자로 커뮤니케이션을 도모할 수 있기 때문이다. 숫자로써의 돈은 인류 최강의 언어인 것이다(오른쪽의 그림 1-6). 한편 공산주의에서 사용되던 것은 인간의 윤리 도덕, 문화 문맥과 같은 가치관이었다.

나라와 민족에 따라 다른 '언어'를 커뮤니케이션의 중심에 두어서는 세계를 연결할 수 없었던 것이다.

그림1-6 돈은 인류 최강의 언어다

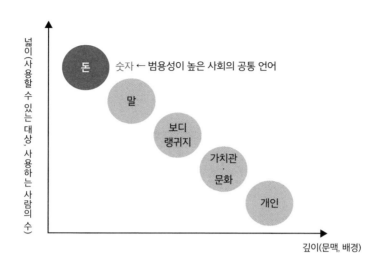

넓이(사용할 수 있는 대상, 사용하는 사람의 수)

돈

숫자 ← 범용성이 높은 사회의 공통 언어

말

보디 랭귀지

가치관 · 문화

개인

깊이(문맥, 배경)

자본주의의 폐해

노동자들은 부자가 될 수 없다

2013년 프랑스의 경제학자 토마 피케티는 『21세기 자본』에서 18세기까지 거슬러 올라가 현재까지의 세무 데이터를 분석했다. 그 결과, 'r(자본 수익률)'이 1년에 5% 정도임에도 불구하고 'g(경제 성장률)'는 1~2% 정도밖에 되지 않았다고 지적했다. 유명한 부등식 'r〉g'가 성립되는 것이 바로 이 세계라고 증명되었다.

마르크스가 지적하고 모두가 어렴풋이 알고 있거나 확신하고 있던 불편한 사실 즉, 자산(자본) 혹은 자산 운용으로 얻는 부는 노동으로 얻는 부보다 성장이 빠르다는 사실이 명확해진 것이다. 다시 말해, 부유한 사람은 더 부유해지고 노동으로 부를 얻는 사람은 상대적으로 언제까지나 더 부유해질 수 없다는 잔인한 사실이야말로 진실이다.

화폐가 관리되는 이유는 무엇인가?

화폐의 구조에 대해서도 확인해 보자. 사실 그 구조는 단순하다. 우선 신용이라는 토대가 있고, 신뢰할 수 있는 조직을 바탕으로 발행된 것이 화폐. 즉, 신용이 담보되고 동시에 유통된다면 누구나 화폐를 발행할 수 있다. 물론 법적인 틀이라는 제한은 존재한다. 지금 이목이 집중되고 있는 암호 화폐나 지역 화폐 혹은 크라우드 펀딩 등 다양한 방법에 의해 화폐 발행의 싹을 볼 수 있지만 기본적으로는 관리당하고 만다.

화폐를 관리하고 발행하는 권한을 경제 용어로 '시뇨리지'라고 부른다. 각국에는 중앙은행 제도가 있는데 일본에서는 일본은행과 민간 회사가 일본은행을 상장시켜 정부가 절반, 나머지를 민간이 주주로서 소유한다.

왜 일본에서는 적극적으로 금융 교육, 영어 교육을 하지 않을까? 다소 음모론처럼 들릴지 모르지만 화폐의 발행 구조나 세제에 대해 국민이 자세히 알게 됨으로써 정부가 세금을 거두기 어려워지거나 인력이 국외로 유출되는 점을 염려하기 때문이다. 이것은 일본에 국한된 이야기가 아니며, 특히 인구가 적은 섬나라는 일본과 마찬가지인 상황이다. 국가적으로 언어나 금융을 교육하는 일에 소극적인 데에는 이러한 배경이 있다. 즉, 스스로 배우는 방법 외에 다른 방법이 없다.

자본주의는 머지않아 민주주의를 집어삼킨다

화폐를 매개로 모든 영역에서 분업이 끝없이 진행되어 모든 사람에게 '스스로 해야할 일'은 점점 적어진다. 초자본주의 사회에서는 '돈이 있으면 무엇이든 살 수 있다'라는 말도 점점 더 진실이 되어간다. 그렇지만 화폐에도 한계는 있어, 끝까지 타인에게 맡길 수 없는 부분(인간성)도 남을 테다. '돈으로 살 수 있는/살 수 없는' 경계를 사람들은 흔히 '윤리'라고 부른다.

자본주의의 본질은 자본 집약이고 그것은 제정帝政과 마찬가지로 창조와 변혁의 에너지를 가지지만 파괴와 함께 유연성을 잃게 만드는 칼날이 되기도 한다. 자본주의가 좋다, 좋지 않다와 같은 말은 쓸데없는 논의며, 이것은 제정과 민주제 중 어느 쪽이 더 좋은지 묻는 정도로 무가치한 것이다.

단지 말할 수 있는 것 한 가지가 있다. 사람들이 윤리를 잊어버릴 때 자본주의는 머지않아 민주주의를 삼킨다는 것이다. 사람은 자본에 저항할 수 없다. 사람들의 투표 방향성도 돈에 대한 욕망에 따라 좌우된다.

개념으로서의 민주주의와 자본주의에 대해 다시 생각해 보자. 민주주의는 사회가 투표에 의해 운영되는 시스템을 가리킨다. 한편 자본주의 사회에서는 돈이 투표권이 된다. 옛날의 일본은 자본주의보다도 민주주의의 정도가 더욱 강하고, 사회가 돈으로 움직인다는 인상이 옅었다.

예를 들면, 1970년대부터 1980년대는 다양한 유형의 사람이 다양한 정당을 만들고, 각 정당은 그 내부에 다양한 사람들이 모여 균형 잡힌 형태로 이루어져 있었다. 사회 보장 제도도 적극적으로 중산층을 키워왔다. 하지만 이제 중산층은 무너지고 일본은 상류층과 하류층으로 완전히 양분되었다. 구체적으로는 정치가나 자산가 등의 상류층과 파트타임, 아르바이트 등으로 대표되는 비정규직 취업자다(참고로 비정규직 취업자 수는 일본 총무성이 2023년 12월에 발표한 노동력 조사에서 10월에 2,127만 명이었고, 비정규직은 3분의 2가 여성이며 평균 급여는 정사원의 3분의 1 정도다).

해외로 눈을 돌려보면 어떨까? 미국의 경우 로비스트의 은밀한 활동에 따라 표는 돈으로 사는 것이 되어버렸고 결국 민주주의는 자본주의 그 자체가 되어 있다. 반대로 중국의 경우는 처음부터 민주주의의 정도가 낮은 편이었고 언론 통제가 강하다. 공산당의 독점 체제 속에서 단숨에 부를 집중·독점하는 스타일은 폭발력이 있지만 안정감이 없다.

그래도 민주주의는 사회에 안정감을 가져온다. 인류가 이토록 오랫동안 살아남는 이유는 다름 아닌 모두가 다른 얼굴을 하고 있기 때문이다. 다른 얼굴이란 여러가지 사고방식이나 개성을 가리킨다. 여기에 더해 사회성도 아울러 가지고 있다. 메뚜기나 매미가 금방 죽는 것은 모두 같은 얼굴과 같은 스펙을 지녔기 때문이다. 즉, 모두가 같은 얼굴을 하고 있으면 한순간의 폭발력은 가져도 안정감은 없다. 중요한 점은 폭발력과 안정감을 모두 갖춘 균형이며 민주주의와 자본주의의 공존 자체에 문제가 있는 것은 아니다.

소련은 러시아가 되고 나서 자본주의화가 진행되어 민주화도 했지

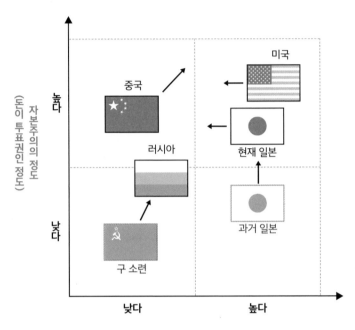

그림1-7 자본주의와 민주주의 정도

자본주의의 정도
(돈이 투표권인 정도)

높다

낮다

중국

러시아

구 소련

미국

현재 일본

과거 일본

낮다

높다

민주주의의 정도
(사회가 투표 제도로 움직이고 있는 정도)

※ 도표 내의 화살표는 시대에 따라 그 나라의 민주주의나 자본주의의 정도가 변화하고 있음을 나타낸다.

만 현재는 독재가 강해지고 있다(다음 페이지의 그림 1-7). 우리는 '민주주의를 소중히 하자'라고 강조해왔지만 지금은 전혀 제 기능을 하지 못하고 있다. 필리핀의 두테르테 전 대통령이나 미국의 트럼프 전

대통령으로 대표되는 독재 정권이 생겨나고 어린애를 속여넘기는 2류 드라마 같은 어리석은 정치를 해온 것도 포퓰리즘의 결과나 다름없다.

계층이 고착화되면 민중들은 생각을 하지 않게 된다. 그러면 모두가 표를 갖고 있어도 표에 큰 힘이 없는 상황이 되고 만다. 그 결과, '누군가에게 맡기는 편이 낫겠어'라는 생각을 하게 되고, 독재나 귀족제가 진행된다. 머지않아 자본이 민주주의를 삼켜버리는 것이다.

이러한 패턴은 기원전 로마 시대부터 변하지 않았다. 로마에서는 최초로 공화제를 채택해 제정과 공화제가 번갈아 뒤바뀌어왔다. 그 변천의 역사를 현대에 적용해도 마찬가지다. 인간 사회는 독재와 민주제의 교체를 계속 반복해왔다. 지금 민주주의가 안고 있는 위기는 지나친 자본주의로 인해 투표를 포함한 모든 것을 자본을 통해 살 수 있다는 데에서 기원한다.

금융 경제는
실물 경제를 내버려두고 있다

돈을 뿌려도 경제가 살아나지 않는 이유는 무엇일까?

돈이 막대하게 발행되면서 많은 폐해도 생겼다. 경제는 금융 경제와 실물 경제 두 가지로 나뉜다. 우리가 생선가게에서 생선을 사거나 식당에서 규동을 먹는 세계는 실물 경제에 속한 세계다. 반면 금융 경제는 돈 자체를 늘리거나 부풀리는 경제로, 구체적으로는 파생 상품 등의 레버리지 상품을 가리킨다(파생 상품이란 주식, 채권, 환율 등 금융 상품에서 파생된 선물 거래, 옵션 거래, 스와프 거래의 총칭이며 레버리지 상품이란 도쿄증권 주가 지수 등 원지표의 변동률에 일정한 배수를 곱하여 산출되는 '레버리지형 지표'에 연동하는 상품이다).

돈을 빌리면 당연히 이자나 배당금을 줘야 한다. 보통 일상생활을 하다 보면 실물 경제에만 눈길이 가지만 실물 경제는 금융 경제와 연

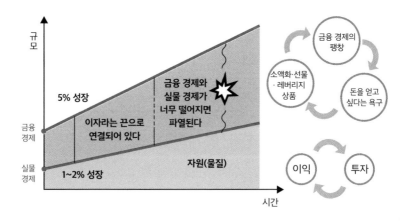

그림1-8 금융 경제와 실물 경제

규모

5% 성장

이자라는 끈으로
연결되어 있다

금융 경제와
실물 경제가
너무 떨어지면
파열된다

금융
경제

실물
경제

자원(물질)

1~2% 성장

시간

금융 경제의
팽창

소액화·선물
·레버리지
상품

돈을 얻고
싶다는 욕구

이익

투자

- 금융 경제와 실물 경제는 이자로 연결되어 있기 때문에 금융 경제가 팽창하면 지구 자원도 파탄을 맞는다.
- 금융 경제와 실물 경제의 괴리가 일정 수준에 이르면 실물 경제에 영향을 미친다(서브 프라임은 원래 30조 엔이지만 금융 상품으로 300조 엔까지 팽창해 결국 파열한다). 돈의 팽창으로 인해 금융 공황이 발생하는 간격도 앞으로 점점 짧아진다.

결되어 있다. 금융 경제가 팽창하면 실물 경제도 활발한 활동을 해야한다고 압박을 받는다(위의 그림 1-8).

그러나 돈을 찍어 금융 경제를 팽창시켜도 실물 경제 쪽에서 돈이늘어나는 것은 아니다. 양자 사이의 괴리는 점점 벌어져 언젠가 사고(재정 파탄)가 날 것이 눈에 보인다.

실물 경제와 금융 경제의 차이는 1.4배 정도로 추이하고 있었지만리먼 쇼크 전인 2006년에는 약 3배로 벌어졌다. 이렇게까지 실물 경제와 금융 경제의 괴리가 벌어지면 재정 파탄은 불가피해진다. 아베 전 총리도 구로다 전 일본은행 총재도 실물 경제를 회복시키기 위해 돈을 찍어냈다. 하지만 지금 상황은 어떠한가? 결국 실물 경제 쪽에서 돈이 늘지 않고 경제는 파탄이 나기 직전인 상황이다.

저출산 대책 지원금이 의미 없는 근본적 이유

왜 실물 경제 쪽에서 돈이 늘지 않았던 것일까? 많은 경제학자가 고민했지만 이유는 단순하다. 아무리 돈을 찍어내도 시중 은행 등을 비롯한 상류 계층은 비관적이라 돈을 쓰지 않았고 결과적으로 정체되어, 국민이 있는 아래쪽까지 돈이 흘러가지 않았기 때문이다. 본래 산업의 혁신이나 이노베이션은 계층의 아래쪽이나 끝에서부터 발생한다. 사회 계층의 위쪽에 위치한 외무성에서 산업이 생겨나는 것이 아니라는 말이다.

그렇다면 사회 계층 아래쪽으로 직접 돈을 뿌리면 될까? 안타깝게도 문제의 해결은 그리 간단하지 않다. 아래쪽은 사막처럼 메말라 있어서 뿌려진 돈을 그대로 흡수해버린다. 돈이 새로운 부로 변환되는 생산 활동으로 돌아가지 않고, 단순한 소비 활동이나 저축으로 끝나는 것이다. 그러한 의미에서 현재 기시다 정권이 진행하려는 저출산 대책 지원금(출산 육아 일시금의 증액 등)도 의미가 없다.

본래 중요한 건 계층의 위에서 아래로, 양동이 릴레이를 하는 것처럼 돈이 적절히 흘러가도록 하면서 소비가 아니라 생산이나 창조 활

그림1-9 10년 만에 14배로 커진 실물 경제와 금융 경제의 차이

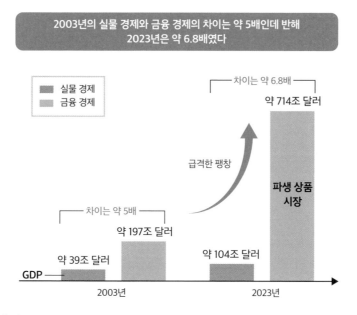

출처: IMF – World Economic Outlook Datebases(2023년 10월 판), BIS Blobal OTC derivatieve market(2023년 10월 판)에서 작성. 2003년과 2023년 Gross domestic product, current prices를 실체 경제에서 'GDP' 값으로 사용했다. 금융 경제의 파생 상품 시장의 가치로 전 세계 국채 잔액(national amounts outstanding)을 사용했다. 2023년에는 2003-S2, 2023년에는 2023-S1의 값을 사용하고 있다.

동에 사용되는 새로운 구조를 만드는 것이다. 이러한 구조를 무시하고 돈을 찍어낸 것이 엔저 현상으로 이어졌다. 결과적으로 손해를 보는 사람은 국민이다. 위의 그림 1-9는 실물 경제와 금융 경제의 괴리가 20년 사이에 약 6.8배로 불어난 상황을 보여준다. 이렇게까지 차이가 벌어지면 파탄은 가깝다고 말해야 한다.

코로나는 많은 비극을 야기했지만 사회에는 하나의 복음이 되었다. 보조금 또는 조성금의 형태로, 아래층에 직접 자금이 공급되었기 때문이다. 종적 사회의 로직에서 돈을 중심으로 하는 에너지는 샴페인 타워의 위층에서 막혀, 아래로 내려오지는 않는다. 하지만 아이러니하게도 코로나로 인해 빼앗긴 생명을 대가로 하여 약자 구제라는 형태로 아래층에 돈이 흘러가게 되면서 경제적으로 목숨을 건진 사람들이 많은 것도 사실이다.

앞 페이지에 있는 그림 1-9와 같은 몇 조 엔 단위의 그래프를 보여줘도 자신의 생활과는 관계없다고 생각하지 않았으면 한다. 큰 것을 봄으로써 작은 자신을 잘 통제할 수 있다. 본질을 포착하기 위해 전체를 부감하는 것은 중요하다.

예를 들어, 당신이 300만 엔을 저금했다고 치자. 그 돈을 늘리기 위해 NISA*를 시작할지도 모른다. 하지만 NISA 자산의 미래를 결정하는 건 세계 전체의 실물 경제다. 지구의 경제와 당신의 자산은 닮은꼴이기 때문이다. 거시적인 지구 규모로 전체 상황을 바라보면서 미시적인 자신의 범위에서 실행에 옮기는 태도가 중요하다.

결국 자신이 행복하기 위해서라도 주변이 행복해야 한다. 자신만 부자가 되어도 고독할 뿐이다. 사회가 풍요로워지면 나도 풍요로워진다. 전체를 응시하여 왜곡된 부분을 파악해야 한다. 이러한 시각을 몸에 익혀야 비로소 본질을 알 수 있다. 당신의 지식이 전부일 리는 없

---

* 일본에서 매년 일정 금액의 범위 안에서 금융 상품의 이익을 비과세로 처리해주는 제도.

다. 철학philosophy의 'philo'는 '앎知을 사랑하는 것'을 의미한다. 자신이 모르는 것까지 포함하여 사랑하는 시각은 소크라테스가 설파한 '무지의 앎'**로도 통한다. 모르는 것을 아는 상태는 겸손을 가져오고 현명한 판단의 토대가 된다.

** 소크라테스의 말로 '아무것도 알지 못한다는 것을 아는 것 자체가 진실한 앎을 아는 근원'이라는 의미다.

소득은 계급에 따라 결정된다는 불합리한 현실

직업의 사회적 가치와 연봉은 괴리되어 있다

앞서 금융 경제와 실물 경제의 괴리에 대해 서술했는데 보다 미시적인 직업 차원에서도 불합리하다고 생각되는 반직관적인 사실이 있다. 100페이지의 그림 1-10은 전 세계에서 화제가 된 『불헛 잡』에서도 다룬 사회적 가치와 연수입의 괴리를 나타낸 차트다.

사회적 가치에는 두 가지가 있다. 하나는 GDP 또는 세금 공헌 등의 경제적 가치, 다른 하나는 사회를 지탱하는 것(교육, 건강, 어린이, 가능성)을 창조하는 가치다.

이 사회적 가치 산출 방법에 대해 이야기해 보겠다. 병원 청소원의 사회적 가치는 병원 내 감염 방지 등에, 보육 교사의 사회적 가치는 보육원에 아이를 맡기는 부모가 취업으로 수입을 얻는 데 따른 가치

및 고용 창출에 의한 가치 합산으로 산출된다. 보육 교사의 경우 1인당 평균 5명의 아이를 담당하며, 1인의 보육으로 부모 1명분의 평균 연봉을 벌 수 있다고 가정한다. 형제가 있는 경우나 보육 설비에 의한 가치 공헌의 영향을 빼면, 보육 교사 1명이 만들어내는 가치는 연간 약 1,450만 엔으로, 고용 창조에 의한 가치 공헌으로 그들이 받는 평균 급여 230만 엔을 계산에 더하면 총가치는 1,700만 엔 상당이 된다. 즉, 임금 1엔에 대해 보육 교사는 7.2엔 이상의 가치를 창출하고 있다고 볼 수 있다(금액은 2024년 1월 12일 현재의 환율인 1파운드=185엔으로 계산했다).

수입은 트랙(계급·자신이 달리고 있는 레인)에 의해 정해져 있다. 사회의 가치 창출로는 결정되지 않는다. 금전 수입과 사회 가치가 연동되지 않는다는 전제는 곧 화폐 경제의 근간을 흔들게 된다.

그림 1-10의 가로축은 연봉을, 세로축은 사회적 가치를 나타낸다. 예를 들어, 보육 교사는 1엔을 벌 때마다 사실은 그 7배의 가치를 사회에 창출하고 있다. 연봉의 높이는 사회적 가치에 비례하지 않는다. 차트에서 나타나는 직업의 폭이 다소 치우쳐 있기는 하지만 주목하고 싶은 점은 '에센셜 워커'라고 불리는 직종에 종사하는 사람 대부분이 높은 사회적 가치에 걸맞은 보수를 받지 못하고 있다는 점이다.

반면 그래프 오른쪽에 위치한 직업의 사람들은 높은 보수를 받지만 이들이 일을 할수록 사회적 가치는 훼손된다. 연봉이 높은 일자리가 정말 사회적 가치를 창출하고 있는지, 오히려 다른 사람을 착취하고 있는 건 아닌지 비판적으로 생각할 이유가 여기에 있다.

그림1-10 연봉과 사회적 가치는 상관이 없다

각 직업의 연봉과 수입 1엔당 초래되는 사회적 가치

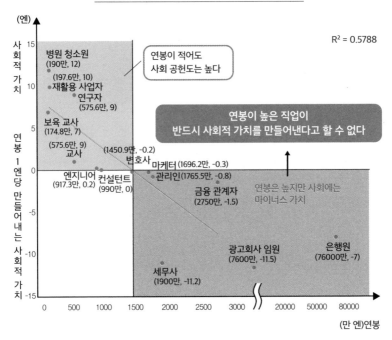

$R^2 = 0.5788$

연봉이 적어도 사회 공헌도는 높다

연봉이 높은 직업이 반드시 사회적 가치를 만들어낸다고 할 수 없다

연봉은 높지만 사회에는 마이너스 가치

병원 청소원 (190만, 12)
(197.6만, 10)
재활용 사업자
연구자 (575.6만, 9)
보육 교사 (174.8만, 7)
(575.6만, 9)
교사
(1450.9만, -0.2) 변호사
마케터 (1696.2만, -0.3)
엔지니어 (917.3만, 0.2)
컨설턴트 (990만, 0)
관리인 (1765.5만, -0.8)
금융 관계자 (2750만, -1.5)
광고회사 임원 (7600만, -11.5)
은행원 (76000만, -7)
세무사 (1900만, -11.2)

※ 사회적 가치에는 두 가지가 있다.
1) GDP/세금 공헌 등의 경제적 가치
2) 사회를 지지하고 있는 것(교육, 건강, 아이, 가능성)의 창조

사회적 가치 계산의 예
● 병원 청소원: 멸균에 의해 의료 현장에서 구할 수 있는 생명 수 등을 이용해 산출했다.
● 보육 교사: 1인당 5명을 보육함으로써 부모가 얻을 수 있는 노동 수입을 산출했다.

출처: '재활용 업체, 병원 청소원, 보육 교사, 세무사, 광고회사 임원, 은행원'은 New Economic Foundation 「A Bit Rich: Calculating the real value to society of different professtions」에서, '연구자, 교사, 엔지니어, 컨설턴트, 변호사, 마케터, 관리인, 금융 관계자'는 Journal of Pilitical Economy 「Taxation and the Allocation of Talent」를 보고 블루마린 파트너스가 작성.

부자들은 미움을 받을 이유가 있다

상황이 이렇다 보니 '부자를 괜히 싫어하는 건 잘못됐다'라고 주장하는 부자들이 있지만 이 말이야말로 정말 잘못됐다. 부자가 된 사람은 '내가 부자가 된 진짜 이유는 필사적으로 노력하고 다른 사람 이상으로 사회에 공헌한 결과가 아니라 부자가 되는 루트와 그 씨름판에서 일했기 때문이다'라고 생각할지도 모른다. 하지만 노력을 하지 않는 사람은 없다. 누구나 각자의 장소에서 노력하고 있다.

부자와 가난한 사람은 달리는 트랙 자체가 다르다. 더 구체적으로 설명하자면 원래 진행되고 있는 경기가 다르다는 뜻이다. 사회 공헌 정도 같은 건 큰 차이가 없다. 그러니까 부자가 훌륭하다고 생각하지 않아도 된다.

부자는 가난한 사람에 비해 소비의 기회와 자유에 압도적인 차이가 있다. 바로 그 지점에서 문제가 생겨난다. 부자들이 괜히 미움을 받는 건 그들의 크나큰 벌이 때문이 아니다. 바로 가난한 사람보다 자유롭게 소비하는 상황 즉, 소비의 불공평에 의해서다. 사람들은 부자를 싫어하는 것이 아니라 부자의 '돈 쓰는 방법'을 싫어하는 것이다.

'노동 노예'에서 벗어나는 사람들의 출현

유감스럽게도 캐피탈리즘 세계에서 노동자의 노예화는 앞으로도 멈출 전망이 없다. 이해하기 쉬운 예를 들어보겠다. 현대에서 자원의 대부분은 인건비다. 인건비 비율이 압도적인 비중을 차지하고 있다. 머지않아 노동자의 시간을 맡아 판매하는 시간 도매상이 나타날 것이다. 기업은 노동자를 직접 고용하지 않고 도매상을 통해 노동자의 시간을 산다. 현재는 파견 회사가 이러한 구매 대행을 담당하고 있지만 앞으로 보다 대규모로 노동자의 시간을 팔고 사는 현상이 이루어질 것이다. 사람들의 시간을 모아 판매하는 '시간부자'가 나타날 날이 그리 멀지 않았다.

현재 인구의 절반은 회사에 속한 노동 노예다. 하지만 최근 들어서 잠깐이나마 그곳에서 벗어나려는 사람들이 나타나는 중이다. 바로 인디펜던트 컨트랙터ic*다. 그들은 스스로 회사를 만들고, 주식을 발행하고, 상장시킬 정도의 규모를 쫓지는 않을 것이다. 하지만 기업으로부터 일을 수탁받아서 결과물을 납품하고 수입을 얻는 방식에 머무르지도 않는다.

가까운 미래에, 우선 자신의 시간을 주식과 같은 형태로 발행해 미리 수익을 확보하고 그 주식(같은 것)을 산 사람에게 노동 시간을 제공하는 형태로 일을 할 것이다. 노동자들은 선불이면서 동시에 경매 형

---

* 전문성을 갖추고 프로젝트 단위별로 다수의 기업과 독립된 계약을 맺고 일을 하는 개인 사업자를 가리킨다.

식으로 그동안의 실적과 신용에 기반한 노동 수익을 확보하게 되는 것이다.

이렇게 자신의 시간을 수익으로 전환하는 시대가 되면 AI나 로보 틱스를 만드는 사람이나 일부 아티스트, 운동선수 등 '특A 랭크'에 해 당하는 인재는 캐피탈리즘 세계에서도 어느 정도의 두각을 나타내게 될 것이라고 생각한다.

캐피탈리즘에서 투자 펀드의 존재

투자 펀드는 가치를 창출하지 않는다

주가가 정말 그 회사의 가치를 나타내는 것인지도 의심해 보는 편이 좋다. 주가는 변동하기 때문에 표면적이고 좁은 시각만으로는 본래의 기업 가치를 가늠하기 어렵다. 회사는 눈에 보이지 않는 문화나 가치관을 양성하면서 인간관계나 기술을 통해 가치를 만들어간다.

그런데 투자 펀드는 가급적 짧은 기간에 주가를 올리려 한다. 지나치게 단기적인 이익을 고집하기 때문에 종종 장기적인 가치관을 훼손하는 움직임을 보인다(오른쪽 위의 그림 1-11). 예를 들어, 단기적인 이익을 낳기 위해 갑자기 원자재 거래업자를 대신해 비용을 낮추거나 연구·개발을 멈추기도 한다. 회계적 수법으로 이익을 '화장'하기도 한다(분식회계). 그러면 회사는 망해버린다.

그림1-11 투자 펀드와 그 외의 시간축 차이

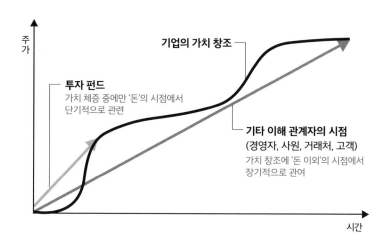

기업의 가치 창조

투자 펀드
가치 체증 중에만 '돈'의 시점에서
단기적으로 관련

기타 이해 관계자의 시점
(경영자, 사원, 거래처, 고객)
가치 창조에 '돈 이외'의 시점에서
장기적으로 관여

주가

시간

그림1-12 사물이 가치를 낳기까지의 흐름

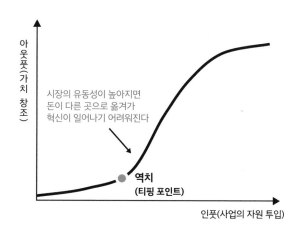

아웃풋(가치 창조)

시장의 유동성이 높아지면
돈이 다른 곳으로 옮겨가
혁신이 일어나기 어려워진다

역치
(티핑 포인트)

인풋(사업의 자원 투입)

자본으로 거래하는 시장은 단기적인 욕망을 동기로 하여 움직인다. 즉, 전매에 의한 돈을 목적으로 한다. 전매 가능성에 가장 가까운 주가를 기축으로 삼기 때문에 그 대상(회사)의 가치 본질을 통찰하지 않는다. 그래서 시장에 맡긴다고 해서 상황이 항상 최적화되는 건 아니니다.

벌처 펀드*와 그 외의 이해 관계자(경영자, 종업원, 거래처, 고객)의 차이는 그 회사에 대해 생각하는 시간축의 길이다. 그 외의 이해 관계자는 돈 이외의 시점에서 장기적으로 그 회사에 관련되지만 펀드 배후에는 스폰서가 있어 돈을 축으로 활동하므로 돈의 증가가 저감되면 다른 사냥감을 찾는 편이 효율적이다. 표면을 쪼고 사라지기 때문에 대머리독수리라고도 불린다. 영혼을 가진 회사는 이렇게 쫓겨나는 것이다.

시장은 생산적이지만 결코 창조적이지 않다

사물이 정말로 가치를 낳는 모습은 선형적으로 올라가는 형태가 아니라 2차 함수적으로 한 번 경계가 되는 값(티핑 포인트·역치)을 넘어 급성장하는 커브가 그려진다(105페이지 아래의 그림 1-12). 이 커브를 맞기 전까지는 성장의 효율이 나쁘다. 하지만 노력해야만 한다. 시

---

*   부실 기업이나 부실 채권에 투자하여 수익을 올리는 펀드. 죽은 동물의 고기를 먹어치우는 대머리독수리vulture에서 유래된 명칭이다.

장 유동성이 너무 높아지면 티핑 포인트에 도달하기 전에 다른 곳으로 눈을 돌려 돈을 이동시키기 때문에 이노베이션은 일어나지 않고 인풋에 대한 아웃풋 효율이 나빠진다. 요약하자면 '시장은 생산적이지만 결코 창조적이지 않다'라는 뜻이다.

그런데도 사회는
신뢰와 신용으로 돌아간다

우리는 구독 중독에 빠져 있다

구독이라는 말이 우리의 일상에 침투한 지 오래다. 구독이란 주로 넷플릭스나 아마존 프라임과 같은 월정액 서비스에 과금하는 행위를 가리킨다.

그러나 구독은 인터넷 서비스 또는 스마트폰 게임에 한정되지 않는다. 우리의 일상에는 구독과 비슷한 형태로 섞여 있는 몇 개의 정체된 중독이 있다. 아미노산과 카페인, 인공 감미료는 한 예에 불과하다. 이 상품들은 우리의 일상에 녹아들었고 이 상품들에 의존하는 가운데 기업은 막대한 이익을 올리고 있다. 구독 중독에 빠진 우리는 마치 아편 전쟁 전야의 아편에 절은 중국 같기도 하다.

코로나 사태로 인해 '#집콕'을 외치면서 이러한 생활 양식이 정착

된 것도 구독 중독을 가속화하는 데 일조했다. 거듭 말하지만 구독형 비즈니스의 대부분은 '의존증 비즈니스'의 형태다. 개인적으로는 대부분의 비즈니스가 착취라고까지는 말하지 않지만 중독을 기축으로 한다고 생각한다.

나는 기본적으로 '비즈니스란 외부불경제'라고 생각한다(외부불경제에 대해서는 112페이지 참조). 즉, 누군가 이익을 내면 그 뒤처리를 다른 누군가(대부분 정부나 시민 또는 커뮤니티)가 시간차로 짊어지는 것이다. 외부불경제에 대한 쉬운 예를 들어보겠다. 예전에 아이 돌보기를 힘들어했던 엄마가 감자튀김 같은 포화지방산이 많은 식사를 하면서 결국 뇌 염증으로 이어져 의료적 과제가 불거진 적이 있다. 얼핏 건강하게 여겨지는 샐러드유를 너무 많이 사용해 치매에 걸린 노인도 많다. 이러한 식으로 기업들은 중독이라는 궁극의 '구독'을 슬그머니 상품에 숨기고 있는 것이다.

인간은 유기적인 존재기 때문에 항상 일정할 수는 없다. 뇌에 일정하라고 지시하는 중독은 페이스북 같은 SNS든, 게임이든, 무엇이든 마이너스여서 사회에 불똥이 튄다.

지구 온난화는 주로 화석 연료 소비의 결과겠지만 제조회사는 그 책임을 질 수 없기 때문에 전 세계의 사람들이 힘을 합쳐 대처할 수밖에 없다. 그러한 외부성, 특히 외부불경제를 인식하는 것은 창의력과 멀리 떨어져 있으며 개인의 책임이기도 하다.

'공헌>착취' 원칙을 지키면 살아갈 수 있다

그렇다고 사회에 무임승차해서는 안 된다. 사회는 제도나 시스템과는 관계없이 공헌하는 사람에게는 보답하도록 되어 있다. 일을 통해 공헌한 대가로 받는 돈은 당장 주머니로 들어오지 않을지도 모른다. 돈을 벌었다거나 돈을 가지고 있다고 해서 사회에 공헌하고 있다고 할 수는 없다.

제2차 세계 대전 이후 일본도 현재는 4대째에 돌입하고 있다. 출생 단계에서 가정 환경과 가계 자산에 압도적인 불균형이 있는 상태다. 전혀 공정하다고는 할 수 없다.

그런데도 사회는 '신뢰'와 '신용'으로 돌아가고 있다. 나는 다니던 회사에서 나와 독립할 때 어떤 사람으로부터 용기 있는 말을 들었다. "괜찮아. 사회에 도움이 되는 한, 먹고 살 길이 있으니까."라고 말이다. 돌이켜 생각해 보니 그 말이 맞았다.

사회는 우리가 생각하는 것보다 섬세하고 유연하며 상냥하다. 아무리 돈이 없어도 최선을 다하면 반드시 누군가가 도와준다. 반대로 몇 천억 엔을 벌어도 사회에 도움이 되지 않는다고 판단되면 아무도 도와주지 않는다. 본질은 빈부 격차가 아니다. 공헌이 신뢰가 되고, 신뢰가 축적되면 신용이 된다.

때로는 남에게 의지해 신용을 무너뜨리고 살아남을 수밖에 없을지도 모른다(나의 경우는 창업 때, 형의 죽음으로 괴로움에 빠졌을 때 그랬다). 때로는 잘못하여 사회적 신용을 떨어뜨리는 일이 있을지도 모른다. 그래도 '공헌>착취'의 원칙을 지키는 한 사람은 살아갈 수 있다.

그러니까 안심했으면 좋겠다. 인생은 복잡해 보이지만 의외로 심플하다. 나는 자본주의도 민주주의도, 그 밖의 어떤 주의나 시스템도 믿지 않는다. 오직 믿는 것은 사람과 사회뿐이다. 인간은 개인적 존재인 동시에 사회적 존재기도 한 것이다.

기술의 진화와
앞으로의 비즈니스

감시 사회의 개막 vs 부정할 수 없는 깨끗한 시대의 도래

현재 비즈니스라고 한다면 이는 곧 이익을 내는 행위로 간주되기 쉽다. 하지만 대개 이익을 낼 때 희생되는 것이 있다. 단순히 거래 상대방이거나 지구 환경이거나 미래일 수 있다. 이를 경제학에서는 '외부불경제'라고 부른다. 대부분의 비즈니스는 이제 이 외부불경제로 이루어져 있다고 해도 좋을 것이다.

앞서 경제학자 우자와 히로후미가 그의 저서에서 '자동차는 대당 500만 엔에 팔리고 있지만 사회적으로는 대당 1,500만 엔의 마이너스를 내고 있다'라고 서술했음을 소개했다. 우자와는 배기가스, 자동차가 달리기 위한 인프라 정비에 드는 비용, 교통사고나 그 사고에 수반되는 경찰의 출동 등 광범위하게 자동차에 부수되는 마이너스 요소에 의문을 나타낸 것이다.

그의 주장을 한마디로 요약하자면 '자동차에는 사회적 비용이 들고, 자동차 회사는 그 비용을 무시하는 식으로 이익만 챙기고 있다'로 말할 수 있다. 대부분의 비즈니스 이익은 이 무의식적이고 순진한 행동에 의해 창출되고 있다.

게임으로 아이의 시간을 빼앗는 일, 첨가물이 들어간 식품으로 상대방의 미래(건강)를 해치는 일, 끊임없는 제조와 소비로 대기를 더럽히는 일. 하지만 이렇게 무의식적으로 이뤄지던 외부불경제적 행동은 앞으로 2040년이면 완전히 가시적으로 드러나게 될 것이다.

이러한 왜곡을 파악할 수 있게 된 배경에는 테크놀로지의 진화가 있다. 블록체인으로 거래 내역이 기록되고 추적해나가는 기술이나 IoT(Internet of Things: 사물 인터넷)에 의해 지구상의 모든 것이 약 5cm 단위의 그물망 베이스에 의해 파악 가능한 세계가 되어가고 있기 때문이다.

세상 모든 것이 디지털로 파악할 수 있게 되면 누가 무엇을 어디서 하고 있는지 일목요연하게 알 수 있다. 이미 이러한 기술이 확립되어 감시 사회로 연결되는 것은 아닌지 염려하는 사람들이 많다.

한편 같은 기술을 이용하여 실제로 해온 일이 사회 공헌적인 것인지 즉, 사회에 도움이 되는지 아니면 사회로부터 착취하는 것인지가 드러난다. 테크놀로지의 발전에 의해 일(비즈니스)의 공헌도를 추적해 가시화할 수 있게 되는 것은 마치 복음이라고도 할 수 있다.

동서고금, 삼라만상이 포착되고 해석된다. 어디서나(IoT), 활동하고(로보틱스), 데이터가 처리되고(양자 컴퓨터), 해석되고(AI), 모두 기록되는(블록체인) 세계가 머지않아 도래한다. 코로나의 감염 경로가 이러한 절차에 의해 밝혀진 것처럼 말이다.

이것을 '감시 사회의 개막'이라고 볼지, '부정할 수 없는 깨끗한 시대'라고 생각할지는 당신에게 달렸다. 여기서 중요한 것은 비즈니스가 의식(Awareness: 사람을 생각한다는 본래의 의미로 되돌아가기)되는 것이다.

캐피탈리즘에서 살아남는 두 분야

과연 '뉴 도요타'가 탄생할까?

지금까지 캐피탈리즘 세계의 전체상과 구조에 대해 해설했다. 마지막으로 향후 산업을 창조할 수 있는 기업의 요건에 대해 생각하고 이번 장을 마무리 짓도록 하겠다.

과거에 다른 책에서 '기업은 가치를 창조하는 커뮤니티'라고 쓴 적이 있다. 즉, 기업에는 각각 열거하는 가치관이 정해져 있으며, 그 가치의 창조에 전념하는지 아닌지가 중요하다. 도요타가 자동차로 일본 산업을 견인해온 것처럼 앞으로는 '뉴 도요타'의 탄생 여부가 일본에 가장 중요한 과제가 된다.

일본을 대표하는 기업의 창업은 모두 100~200년 정도 전이다. 애초에 도요타도 창업 당시에는 하나의 벤처기업에 불과했다. 만약 향후 다음의 도요타가 될 만한 기업이 나오지 않는다면 일본의 미래는 암담하다.

현재도 젊은이들에게 '프로그래밍을 하라' 혹은 '영어를 배워라'와 같은 조언을 하는 경우가 많다. 다만 그게 언제 어떻게 소용이 있는지 알 수 없는 상황일 것이다. 오히려 보다 거시적인 시점으로 집약 산업에서 자신이 전념해야 할 분야를 전략적으로 선택하는 것이 커리어를 생각하는 데 있어 중요하다.

일론 머스크는 왜 위업을 달성할 수 있는가

전 프로 축구선수 나카타 히데토시가 TV 취재에서 "저는 대단하지 않아요, 축구가 위대한 거예요."라고 답하는 것을 듣고 '그렇지!'라고 생각한 적이 있다. 축구는 공과 공간만 있으면 누구나, 어디서든 할 수 있다는 의미에서 빈부의 차를 묻지 않는다. 가장 문턱이 낮은 스포츠며 그래서 세계 최대의 경기 인구를 바탕으로 큰 시장을 형성할 수 있다. 축구는 위대하다.

마찬가지로 '리얼 아이언맨'으로 인기 절정인 일론 머스크는 기업가의 영웅이다. 하지만 단순히 그를 쫓는 것이 아니라 '일론 머스크를 낳을 수 있는 이 세상'의 새로운 구조를 생각하는 것이 사실 더 중요하다.

그는 페이팔PayPal을 이베이eBay에 매각한 자금 1억 8,000만 달러(약 200억 엔)를 밑천으로 스페이스X(우주 로켓)를 창업하고 테슬라(전기 자동차)에도 출자하고는 바로 CEO에 취임했다. 게다가 솔라시티(태양광 발전)를 시작해 시간당 800마일(1,300km/h)의 수송 기관 하이퍼루프(진공 튜브 철도) 구상을 발표한다. 브레인 머신 인터페이스(뇌와 기계를 직접 연결하는 기술)인 뉴럴링크도 창업했다.

스페이스X는 위성 통신 서비스 스타링크 사업도 운영 중이다. 하늘이 열린 장소라면 어디서나 인터넷을 이용할 수 있고, 광회선이나 휴대전화 전파가 닿지 않는 지역에서도 인터넷에 접속할 수 있다는 점에서 혁신성이 돋보인다.

한 인간이 인류 수준의 위업을 여러 개 이룰 수 있는 이 세계의 구조는 대체 어떤 모습일까? 그 답은 최고의 기술 지식에 대한 접근 가능성과 압도적인 자본 조달의 가능성에 있다.

기업가의 역할을 대략적으로 꼽는다면 전체 구상과 모듈 분해로 집약된다. 분명 일론 머스크는 '이 세상의 모듈 분해된 자원을 모두 조달할 수 있다는 사실'을 의심하지 않는다. 그렇기 때문에 그는 오로지 구상하고, 구상을 실현시키기 위한 지식에 집중하고, 구상화된 방정식이 현실 세계에서 작동하는지를 계속 검증한다. 그리고 자본 집약을 위한 기술과 신용을 보유하는 것이다.

우리는 보통 자원 기반으로 사물을 생각하는 데 그친다. 하지만 이는 분업과 네트워크가 충분치 않았던 20세기의 발상이다. 이제 세계는 모든 분업과 자원의 조달을 가능하게 한다. 새로운 일을 실현하는 데 필요한 것은 구상과 신용과 공공 정신일 뿐이다. 이것이 현재 세계의 구조다.

살아남는 것은 '로보틱스'와 '의료 개혁'

일본이 캐피탈리즘에서 살아남는 분야는 대규모로 장기적인 자본 투하를 필요로 하는 분야 즉, 로보틱스와 의료 개혁이다. 로보틱스는 GDP를 끌어올리고 의료 개혁은 사회 보장 비용을 낮춘다.

로보틱스

차량을 포함한 로보틱스 기술의 도입은 앞으로도 지금과 같은 변함없는 속도로 진행된다. 로보틱스란 로봇공학의 한 분야로, 로봇의 구상과 설계, 제조, 운용, 보험과 같은 파이낸스 등을 대상으로 하는 장치이자 산업이다.

일본 산업사를 돌아보면 지난 50년간은 자동차 산업이 계속 그 중심에 있었다. 자동차 산업의 서플라이 체인은 길다. 기획·설계로 부품을 만들고, 판금으로 자동차 뼈대를 만드는 공장도 있다. 부품을 조립해 제조하고 판매하며, 애프터서비스도 한다. 게다가 보험이나 금융도 붙일 수 있다. 긴 서플라이 체인 속에서 일본 사람들은 막힘없이 양동이 릴레이를 계속해왔다.

이 일련의 연계야말로 일본의 특기 분야며, 다른 나라가 쉽게 흉내낼 수 없는 강점이다. 서플라이 체인이 긴 산업이기 때문에 중졸과 고졸 인력도 포함한 다양한 일자리를 만들어냈다. 자동차의 부품공, 카딜러, 도요타 본사의 기획직 등 산업에 종사하는 직종을 들면 끝이 없다. 즉, 자동차 산업은 일본 사람들을 흡수하는 플랫폼으로 기능해온 것이다.

그런데 자동차 자체가 상품화되어버렸기 때문에 앞으로는 산업 자체가 어려워진다. 자동차 업계를 업데이트할 산업으로 기대되는 것이 로보틱스 분야다. 로보틱스도 자동차와 마찬가지로 양동이 릴레이와 비슷한 시스템으로 움직인다. 그렇기 때문에 엘리트부터 비엘리트까지, 다종다양한 백그라운드를 가진 인재를 고용할 수 있다. 그러면서도 산업은 아직 미성숙한 발전 단계에 있다.

로보틱스가 활용되는 구체적인 곳으로는 빌딩이나 고속도로 등의 유지·보수, 경비나 돌봄 분야가 있을 것이다. 또 우주 개발은 세계의 억만장자가 모두 참여하는 영역이다. 일본에서도 아이스페이스ispace 등이 수백억 엔을 모으고 있지만 세계에서는 조 단위로 돈이 모이고 있다. 실로 차원이 다르다. 이것은 지구 규모의 비즈니스가 된다.

나아가 앞으로의 미래를 생각하면 로보틱스가 연관되지 않는 산업이 오히려 적어진다. 저출산 고령화가 진행되는 선진국 곳곳에서 엄청난 수의 로봇이 일한다. AI나 IoT 혹은 보험이나 금융 또는 판금 공장이나 설계 알고리즘·네트워크 등 무수한 기능을 통합하는 것이 요구되는 이러한 산업은 일본이 잘하는 분야다.

GAFAM(Google, Amazon, Facebook, Apple, Microsoft)과 같은 기업을 일본에서 만들어내는 것을 목표로 하는 것보다 일본 사람에게 최적인 산업에 주력해야 한다. 이러한 의미에서 로보틱스는 일본과 합이 잘 맞고 시장 규모도 큰 유망한 산업이다. 앞으로 로보틱스 산업이 일본 수출의 일각을 차지할 것으로 기대한다.

의료 개혁

의료 개혁은 일본이 가장 우선적으로 착수해야 할 분야다. 이 영역은 연구·개발에 막대한 시간과 돈이 들기 때문에 자본 집약으로 승패가 결정된다. 이 분야에 열중한다는 것은 의료 간병 비용으로 연간 약 60조 엔의 소요 비용 삭감을 의미한다.

의료라고 해도 그 범위는 첨단 의료나 발병 전단계 혹은 애프터 케어, 게놈 해석 등 다방면에 걸친다. 이 때문에 의료 시스템이 가리키는 것은 전자 진료 기록카드나 보험 제도 또는 의사회의 취급이나 종합 병원과 마을 의사를 포함하는 복합적인 시스템을 말한다.

일본은 고령화가 진행되면서 의료 시스템에 막대한 비용이 소요되는 중이다. 물론 의료 시스템 자체를 수입하는 경우가 있더라도 일본인으로서 이 개혁에 참여하는 의의도 크다.

이미지화해 본다면 국가적으로 매출을 올리는 것은 로보틱스고 국가의 비용을 낮추는 것이 의료 시스템 개혁이다. 각각의 매출과 비용이 100조 엔씩이라고 하면 국가로서는 200조 엔의 GDP를 플러스로 만드는 상황이 가능하다고 생각한다.

흔들리는 행정의 존재감과 지역 커뮤니티의 재부흥

향후 캐피탈리즘 세계에서 성장이 예상되는 분야에 더해, 마지막으로 사회 시스템 전체의 미래에 대해서도 두루 생각하고 이야기해 보고 싶다.

이 나라를 하나의 단위로 파악하는 것은 이미 한계를 맞이하고 있다. 향후에는 각각의 지역 커뮤니티로 분할해 '멀티 커뮤니티'의 관점에서 다시 파악하는 시각을 갖추는 것이 중요해진다.

현재의 정치 시스템은 과도기에 있고, 지방세나 국고 지출금은 바닥이다. 이 때문에 앞으로 각 지역의 커뮤니티에는 자립이 요구된다. 스스로 지방채를 발행하고 외교를 해도 좋을 것이다. 각 지역이 민주주의를 달성하고 사회 인프라를 만들어 그곳에서 사는 사람들의 행복도 높여가야 한다.

지역 커뮤니티의 사회 인프라를 만드는 일을 '커뮤니티 옵티마이저'라고 부르는데 앞으로 이 역할의 중요성이 더 커질 것이다. 이와 함께 종래의 중앙 집권적인 정부나 행정의 존재감은 희미해져가고, 미래에는 아예 없어지는 일까지도 추측할 수 있다.

지역 커뮤니티의 인프라는 다음의 네 가지로 나뉘어 간다. 첫 번째는 재정이고, 두 번째는 보험을 비롯한 건강 관리 시스템, 세 번째는 법률(조례), 네 번째는 교육이다. 이러한 기초 인프라는 커뮤니티마다 바뀌어갈 것이다. 사실 지금도 건강 관리 시스템과 교육 시스템은 대학교를 중심으로 변화하고 있다. 현재 재정과 법률은 자립하지 않았지만 향후 재정의 측면을 전망해 보면 각 지역의 커뮤니티가 지역 화폐와 같은 형태로 화폐를 발행해 자립할 가능성도 크다. 법률도 미국에서는 주법으로 나뉘어 시행되는 것처럼 일본에서도 마찬가지로 지역마다 이러한 인프라가 나뉘어 관리될 테다.

이러한 인프라는 지금까지 국가가 일원적으로 담당하던 부분이지만 앞으로 지방이 자립해가는 가운데 일부에서는 무질서한 지역이 생겨나는 상황은 불가피하다. 길게 보면 이러한 지역은 언젠가 소멸할 것이다.

일본 인구는 앞으로 1억 2,330만 명에서 절반 이하인 6,000만 명으로 줄어들 것으로 전망되었다. 도시 국가를 중심으로 한 연방 국가로 이행하지 않으면 국정을 꾸려나갈 수 없다. 예를 들어, 영국에서 특급 열차를 탔을 경우 역을 출발한 지 10분이 지나면 눈앞에 양들밖에 없는 전원 풍경이 펼쳐진다. 그런가 하면 또 얼마 뒤 건물군이 나타나 다음 도시에 도착한다. 일본의 경우는 어떤가? 신칸센을 타도 연이은 주택 풍경이 어디까지나 계속된다. 하지만 이러한 광경에도 조만간 변화가 찾아올 것이다.

각 지역 커뮤니티가 자립하기 위해서는 독자적인 인프라나 산업을 가지고 해외 거래를 통해 무역으로 지역을 윤택하게 만들어야 한다. 이 과정에서 기업가나 젊은이들은 살기 좋고 일하기 좋은 장소로 이주해 그 지역에 전념함으로써 개혁이 일어날 것으로 예상된다. 이러한 미래를 향한 변화의 속도감이나 세련도는 각 도시에서 이미 전혀 다른 양상으로 나타나는 중이다.

그 차이를 낳는 것은 도시마다 다른 위기감의 강도다. 도시마다 병원 시스템이나 이동 수단의 교통 인프라를 비교했을 때 개혁이 전혀 진행되지 않은 지역도 있고, 급격하게 진화를 이루는 도시도 있다. 일본에서도 현 단위로 보면 가나가와현은 그다지 진전되지 않았지만 요코하마나 가마쿠라처럼 일부 시에서 선진적으로 개혁이 시도되는 경우도 있지 않은가.

표백화된 세계에서 개성을 되찾자

캐피탈리즘에 의해 대량의 에너지를 투하하고 대량으로 같은 제품을 만들어 이것을 세계에 공급하는 구조로 인해 각지의 역사나 문화, 개별성, 문맥과 같은 인문적 요소가 전 세계에서 씻겨나가버렸다. 세계 어디를 가든 누구나 같은 것을 똑같이 누리게 되었다(맥도날드, 아이폰, 넷플릭스 등).

이러한 세계는 편리하다. 효율적이다. 하지만 이는 인류 생존에 있어서는 위기다. 왜냐하면 인류는 사회성과 개성이라는 상대적인 두 요소를 결합해 분업했기에 발전해온 종족이기 때문이다. 자본주의 에너지에 의해 개성이 표백됨으로써 인류는 강점 하나를 잃고 한 손이 비틀려버린 상태다.

인류는 개성을 되찾아야 한다. 그 개성에서 발로하는 '창조성'을 가지고 새로운 세계를 만들어가야 한다. 이것이 자본주의에 의해 표백된 익명의 세계를 뒤집는 힘이기 때문이다. 그러기 위해서 우리가 할 수 있는 일은 무엇일까?

3개의 세계를 넘나드는
워런 버핏

미국 네브래스카주 오마하에 세계 최고의 투자자가 살고 있다. 워런 버핏이다. 버핏은 어릴 적 아버지를 따라 워싱턴D.C.에 이사를 갔지만 그곳에 익숙해지지 않아 결국 할아버지 댁인 오마하에서 중학교를 다녔다고 한다. 이후 워싱턴 D.C.로 돌아온 그는 고등학교를 졸업하고 컬럼비아대학교에서 MBA를 취득했다. 그리고 그의 스승인 경제학자 벤

저민 그레이엄 밑에서 일한 뒤 고향인 오마하로 돌아와 작은 집과 사무실을 오가며 살고 있다.

매년 버핏이 대표로 있는 버크셔 해서웨이의 주주총회 계절이 되면 전 세계의 버핏 팬들이 이 작은 마을을 찾아온다. 버핏은 오마하를 사랑하고 그 지역에 뿌리를 두고 교류한다. 그리고 한편으로는 일을 통해 캐피탈리즘 세계와 연결되어 있다. 좋아하는 체스 같은 취미나 미디어를 통해서 버추얼리즘의 세계에도 얼굴을 내민다. 바로 3개의 세계를 넘나드는 존재다.

버핏은 생활에 있어서는 자신의 시간 흐름에 맞는 장소에서 여유롭게 살고, 신체성과 관계성을 가지면서(버핏은 2024년 2월 현재 93살이지만 현역으로 일하고, 체리코크와 햄버거를 계속 먹고 있지만 건강하다) 창조력을 마음껏 발휘해 사회에서 활약한다.

나는 이제 웰빙한 삶으로 세계를 3개의 층으로 파악해 각각의 세계에서 요구되는 지식이나 생활 방식을 서술해가겠다. 3개의 세계를 동시에 만족시키는 것은 대단히 어려울지도 모른다. 모두가 워런 버핏이 될 수 없을지도 모른다. 그래도 조금씩 배우고 적응해나가는 자세가 필요하다.

THREE

WORLDS

2장

버추얼리즘

네트워크상에 출현하는
새로운 질서와 제도를 가진 세계

이번 장에서는

데이터가 전 세계를 뒤덮은 네트워크를 돌아다니며 구축한

버추얼리즘(가상 현실 세계)의 실체에 다가간다.

생성형 AI, Web3.0, 메타버스 등

연달아 등장하는 버즈워드*에 휘둘릴 것이 아니라,

버추얼리즘의 시각에서

테크놀로지에 의한 변화를

거시적으로 이해해 보자.

버추얼리즘의 세계에서
지금 일어나고 있는 일

메가트렌드 이면에 반드시 존재하는 기업가

1장에서 이미 기업가로서 우주 로켓부터 전기차까지 차례로 사업을 전개하는 일론 머스크에 대해 언급했다. 캐피탈리즘 세계의 사업가로서뿐 아니라, 버추얼리즘(가상 현실 세계)의 무대 이면에서도 그는 어떤 의미에서 주역으로 떠오르고 있다.

2021년 10월, 마크 주커버그는 페이스북Facebook의 회사명을 메타Meta로 변경한다고 발표했다. 그 이듬해, 일론 머스크는 트위터 인수에 나섰다. 가격은 6.4조 엔. 무려 440억 달러다. '그만한 가치가 있는

＊   마치 전문성이 있는 말처럼 보이지만 애매한 정의로 널리 사용되는 용어.

가? 잘 모르겠다'라며 애널리스트들은 깜짝 놀랐다.

일론 머스크가 트위터를 매수하게 된 배경은 무엇일까? 전 세계에서 주목받는 문장 생성형 AI인 챗GPT를 개발한 오픈AI도 2015년 머스크 등이 공동으로 창업했으며, 머스크가 초대 회장을 맡았다. 메가 트렌드의 배경에는 모조리 그의 존재가 있다.

우리도 모르는 사이에 많은 시간을 보내고 있는 버추얼리즘 세계를 살펴보자. 도쿄의 전철 야마노테선 안에서 스마트폰 화면을 들여다보는 사람이 얼마나 될까? 거의 모두 현실 사회가 아닌 버추얼 공간에 의식을 기울이고 있을 것이다.

버추얼 다시 말해, 가상 공간은 무국적이다. 버추얼리즘은 게임에서 시작된다. 버추얼 세계의 해상도는 갈수록 높아져서 헤드셋을 쓰든 안 쓰든 그 세계에서 머무르는 시간은 더 길어진다. '제너레이션 알파'로 불리는 2010~2024년경 태어난 아이들 대부분은 이미 많은 시간을 포트나이트나 로블록스와 같은 게임 속에서 보내는 중이다.

도대체 무슨 일이 일어나고 있는 것인가? 이는 현실 세계를 보조하는 기능밖에 없었던 네트워크가 사회 혹은 새로운 세계로서 질서와 제도를 만들어내려 한다는 의미다. 다시 말해, 일론 머스크는 트위터라는 웹 서비스가 아니라 버추얼리즘 세계의 민주주의 의회 플랫폼을 손에 넣으려는 것이다.

챗GPT는 2022년 11월, 베타판을 공개한 이후로 불과 2개월 만에 월간 액티브 유저가 1억 명을 돌파했다. 인터넷의 역사를 되돌아봐도 이 정도의 속도로 하나의 서비스가 인구에 회자된 예는 거의 존재하지 않을 것이다.

버추얼리즘 세계에서 챗GPT는 어떤 의미나 임팩트를 가질까? 결론부터 말하자면 '(챗GPT라는 테크놀로지에 의해서) 디지털 세계상의 인간이 완성된다'라고 생각한다. 이 말만 들으면 의미를 모를 수 있기에 자세한 내용은 차례차례 사례를 들어 설명하고 싶다.

버추얼리즘이란 현실 사회에 도움이 되는 구조를 인터넷상에서 실현시킨다는, 이제까지와 같은 IT의 기술이 아니다. 새로운 '이상 사회' 그 자체를 디지털 공간에 성립시키려는 시도다. 사회에 필요한 민주주의 제도, 시장, 법적 틀 그리고 인권을 포함하는 사회 복지 환경 등을 지금까지 기능으로서 사용하던 인터넷 공간에 구축하는 동향을 말한다.

이번 장에서는 전반부에 버추얼리즘 세계의 중요 키워드 확인부터 시작해, 왜 버추얼리즘 세계에서는 지식보다 의식이 중요해지는지 설명한다. 그 후 버추얼리즘 세계에서 파생되는 경제권 '어텐션 이코노미'가 캐피탈리즘과는 전혀 다른 논리로 구동되는 현상도 해설하겠다. 이 경제권에서는 '개성'과 '창조성'이야말로 가치의 원천이 된다. 이번 장의 후반부에서는 그 개성과 창조성을 키우기 위한 교육까지 심도 있게 다루어보겠다.

아이가 열중하고 있는 것을 주의해서 보라

지知의 거인도 주목한 '경향'보다 중요한 것

가치관이 아직 굳어지지 않아 새로운 테크놀로지를 오픈 마인드로 받아들이는 아이를 살펴보자. 그 행동 양식에 버추얼리즘의 세계에서 살아가기 위한 힌트가 있다.

아직 할머니가 살아 계실 즈음이었다. 내가 10살 때 '드래곤 퀘스트'라는 게임이 출시되었다. 게임이 주는 새로움, 즐거움의 충격은 엄청났다. 할머니는 농협에 다니시다가 지역 증권사와의 친분으로 주식을 조금 사셨다. 나는 "드래곤 퀘스트라는 게임이 대단하니까 이 회사의 주식을 사야 돼요!"라고 주장했다. 머지않아 이 게임의 개발 회사인 에닉스는 거대 기업으로 진화했다(그 후 스퀘어와 합병해 스퀘어 에닉스 홀딩스가 되었다).

일론 머스크도 어린 시절 프로그래밍에 관심을 갖고 컴퓨터 게임 제작에 열중했다고 한다. 10대 시절에는 컴퓨터 게임을 직접 만들어 팔기도 했다. 이후 동생 킴벌 머스크와 온라인 콘텐츠 회사 ZIP2를 차렸다가 1999년 컴팩사에 3억 달러 남짓에 매각했다.

20세기 최고의 지知의 거장인 피터 드러커는 일찍이 "경향이 아니라 실제 변화, 특히 아이가 하는 일, 열중하는 것을 주의해서 보라."라고 했다. 그는 "그것이 미래의 현실이 되니까."라고 덧붙였다.

얼마 전 아는 아이를 요코하마 동물원에 데려갔는데 아이는 동물원 안에서도 게임 '동물의 숲'만 하고 있었다. 그 모습을 보고 나는 슬퍼졌다. 아이들이 가능한 자연 속에서 지내기를 바란다. 왜냐하면 자연의 해상도는 인공적으로 만든 우리가 있는 세상보다 압도적으로 높기 때문이다. 해상도가 높은 세계를 지각할 수 있다면 나이가 들었을 때 해상도가 낮은 우리의 세계를 간단하게 이해하고 따라잡을 수 있다고 생각하기 때문이다. 하지만 이러한 생각은 반쯤 틀렸을지도 모른다.

다시 한번 피터 드러커의 "아이가 하고 있는 것, 열중하고 있는 것을 주의해서 보라. 그것이 미래의 현실이 되니까."라는 말을 상기해 보자. 요즘 어린이들의 관심은 게임의 세계에 닿아 있다. 예를 들어, '마인크래프트'에서는 플레이어가 자유롭게 블록을 배치해 마음대로 건축을 할 수 있다. 아이에게 자신이 좋아하는 세계를 스스로 '만들어 내는 체험'을 제공하는 것이다.

게임은 이제 소비 대상이라는 영역을 벗어나 훌륭한 창조의 프로세스로 변이하는 중이다. 그중에는 새로운 사회도 생겨난다. 가치를 교환하는 통화나 규칙, 새로운 언어 그리고 동경의 대상이 되는 아우라다. 마인크래프트 안에 동료나 친구가 있다. 어른이 모르는 하나의 사회가 되고 있다는 뜻이다.

버즈워드에서
거시적 변화를 잡아라

버추얼리즘을 견인하는 버즈워드

요즘 Web3·0, 메타버스, NFT, AI, 블록체인, 양자 컴퓨터, 디지털 트윈 등 다양한 말이 생겨나지만 그 본질이 이해되지 않은 채 말이 홀로 나돌고 있다. 본질을 이해해야 비로소 자신의 삶에 미치는 영향까지 생각할 수 있다. 여기에서는 각각의 개념을 간결하게 해설하겠다.

Web3·0: 보다 민주적이고 개방적인 인터넷의 실현

Web3·0이란 분산형 기술이나 블록체인을 활용하여 보다 민주적이고 개방적인 인터넷을 실현하려는 개념이다. 종래의 Web2·0에서는 대기업이나 중앙 집권적인 플랫폼이 정보나 데이터를 컨트롤하고, 이용자는 그들이 설계한 제약 속에서 활동했다. 하지만 Web3·0의 목표는 유저 개개인이 보다 직접적인 참가와 데이터의 소유권을 가져 인터넷의 룰이나 운영에 이전보다 큰 영향력을 가지는 데에 있다.

메타버스: 각자가 만드는 자신이 좋아하는 세계

메타버스는 SF소설 『스노 크래시』에 등장하는 가상 공간 서비스의 명칭에서 유래했다. 메타버스의 본질은 사람들이 각자 자신이 좋아하는 세계를 마음대로 만드는 데 있다. 그리고 그렇게 만들어진 세계가 서로 연결된다.

반면 가상 현실은 누군가(회사)가 만든 가상 세계에 다양한 사람이 참여해 교류하는 일을 가리킨다. 메타버스가 생기는 세계는 1990년대 홈페이지를 만들어 다른 사람의 홈페이지와 링크했던 시대와 비슷하다.

NFT와 블록체인: 디지털 공간에서의 소유권 확립

디지털의 본질은 복제(복사)가 가능한 데 있지만 그러한 복제를 멈추는 방법이 바로 NFT와 블록체인이다. 블록체인은 조작을 막고 NFT는 디지털 공간에서도 소유권을 확립할 수 있도록 한다는 데 의미가 크다.

버추얼리즘 세계를 이해할 수 없다면 일단 암호 화폐라도 사보는 편이 좋다. 매매 방법이나 암호 화폐를 보유하는 사람들의 가치관이나 기호성, 가격 결정을 좌우하는 세계 동향 등을 감각적으로 파악할 수 있을 것이다.

양자 컴퓨터: 고속으로 최적화 문제를 풀 수 있게 되다

기존의 컴퓨터에서는 정보를 '비트bit'라는 0과 1의 두 가지 값으로 표현하지만 양자 컴퓨터는 물리학의 원리를 이용해 정보를 '양자 비트qubit'라고 부르는 단위로 표현한다.

아직 완전히 실용화되지는 못했지만 미래에는 암호 해독, 최적화 문제, 화학·재료 과학 등 폭넓은 분야에서의 응용이 기대된다. 기존의 컴퓨터에서는 방대한 계산 리소스로 실용화가 현실적이지 않았던 분야에서 이노베이션의 촉매로써 기대받고 있다.

디지털 트윈: 물리 시스템을 디지털 공간에서 모델화한다

현실 세계의 물리적인 대상이나 시스템을 디지털 공간에서 모델화한 것을 '디지털 트윈'이라고 부른다. 디지털 트윈은 물리 시스템의 상태와 거동을 실시간으로 모니터링하고 시뮬레이션과 예측을 수행하는 데 사용된다. 구체적으로 디지털 트윈이 활용되는 영역으로는 산업 분야와 도시 관리, 교통 시스템, 에너지 관리 등이 꼽힌다.

디지털 트윈을 도입함으로써 물리 시스템의 효율성이나 안전성의 향상, 문제의 조기 발견이나 예측, 원격 감시·제어의 실현 등이 기대된다.

가상 세계의 윤곽이 잡혀가고 있다

사실 버즈워드는 모두 조금 과장되어 있다. 메타버스는 어중간한 3D CG며, 현재 Web3·0의 세계에서 완전한 민주화가 이루어지는 것은 아니다. GAFAM이 앞으로도 패권을 계속 잡을지 확실하지도 않고, 틀림없이 아직 보지 못한 플레이어가 나올 것이다. 물론 사람들이 그 손바닥 위에서 춤추는 존재가 될 것임에는 변함이 없다. 블록체인 기술도 복제나 변조를 완전히 막을 수 없고, NFT로 얻을 수 있는 디지털 공간상의 소유권도 위협받을 가능성이 있다.

단, 개별의 문제가 아니라 거시적으로 변화를 포착하는 것이 중요하다. 버즈워드가 현재 활발하게 사용되는 배경에는 진짜와 가짜의 움직임이라는 동향이 있다. 어떨 때는 미디어에서 과장되게 다루어 버블과 파탄이 일어날 것이다. 하지만 가상 공간에서의 제도와 시스템이 서서히나마 확실하게 정돈되는 중이다.

거시적으로 추세를 살펴본다면 그러한 조류가 화폐 제도며, 소유 제도며, 인권 확보며, 네트워크라는 인프라를 유지하기 위한 효율화라는 점을 알 수 있다. 그리고 이러한 움직임을 '버추얼리즘'이라고 부른다.

가상 세계의 윤곽이 서서히 잡혀감에 따라 참가자는 늘어간다. 대부분 젊은이들 그리고 아이들이다. 버추얼리즘이 추구하는 새로운 자유란 당연히 3차원에서의 탈피에 있다. 때와 장소를 가리지 않고 참가할 수 있는 사회, 자신의 육체적 특성을 반영하지 않는 투영(아바타)이다.

버추얼리즘으로 확산되는 인지의 가능성

버추얼 공간의 해상도가 높아짐에 따라 촉각과 시각을 포함한 다양한 감각이 더욱 사실적으로 다가온다. 어디까지나 리얼과 버추얼의 차이를 메우는 것은 우리의 상상력이다. 그래서 상상력이 풍부한 아이들이나 편견·고정관념이 없는 사람일수록 미숙한 이 세계를 인지하고 즐기기 쉽다. 버추얼리즘이 실현되기 쉬운 감각은 우리의 오감 중 시각 → 청각 → 촉각의 3종류다.

버추얼리즘은 우선 시각부터 실현된다. 그 실현을 떠받들고 있는 기술에는 3D CG와 그 배경에 있는 AI, 고도의 연산 처리를 행하는 양자 비트 컴퓨터의 존재가 있다. 청각에 대한 기술은 이미 우리 육체 이상의 레벨로 실현되는 중이다. 인간이 못 듣는 소리를 알아들을 수 있는 고성능 이어셋을 장착함으로써 청각 확장이 가능하다. 촉각의 측면에서도 근세포가 의외로 단순한 구조라는 점이 최근의 연구에서 밝혀지고 있다. 후각과 미각에 관해서는 신경계와 호르몬의 연구에 의해서 이것들을 지각시키는 어떠한 자극과 동기同期시켜야 하는데 아직 거기까지는 밝혀내지 못했다.

오히려 버추얼리즘이 목표로 하는 것은 오감의 끝에 있는 인지의 한계다. 그것은 4차원, 5차원적 인지로의 확장이라고도 말할 수 있다 (차원에 대해서는 종장을 참조). 가령 우리의 세계는 시공간을 초월해 연결된 감각이지만 시공간을 자유롭게 넘나들 수 있는 버추얼리즘 세계에서는 일체감을 얻기 쉽다. 영화 '인터스텔라'를 본 적이 있는 사람은 이 감각을 떠올리기 쉬울지 모른다.

버추얼리즘 세계는 아직 불완전하기는 하지만 현 사회에서 불편을 느끼는 사람이 현재에서 벗어나 새로운 자유를 찾기 위해서는 충분히 참여할 매력이 있는 완성도에 가까워지는 중이다.

절반의 사람은
일자리를 빼앗긴다

미국의 사법 시험도 여유롭게 통과하는 챗GPT

이번 장 첫머리에서는 출시부터 급속도로 세계를 석권 중인 챗
GPT에 의해 인간이라는 인터페이스가 완성될 것이라고 언급했다. 여
기에서는 자세히 그 의미에 대해 해설하고자 한다.

챗GPT는 대화형 AI다. 앞서 서술한 바와 같이 일론 머스크 등이
창업한 OpenAI가 개발한 대규모 언어 모델Large Language Models(이하
LLM)을 이용한다. LLM은 거대한 데이터 세트를 이용해 트레이닝된
자연어 처리 모델을 가리킨다. 요컨대 인터넷상에 방대하게 존재하는
텍스트 데이터를 학습한 AI가 인간이 챗GPT에 던진 질문에 순식간
에 정확도 높은 답변을 하는 것이다.

지금까지 존재했던 AI 챗봇과의 본질적인 차이가 몇 가지 있다. 우

선 챗GPT는 지금까지의 일반적인 AI 챗봇과 비교할 수 없을 정도로 대규모 데이터 세트에 의해 훈련을 받는 중이다. 이를 통해 고도의 자연어 이해와 대화 능력을 가지며, 보다 자연스럽고 인간다운 대화가 가능하다. 즉, 이전까지의 AI 챗봇에서 느꼈던 비인간성, 모종의 로봇 같음이 배제되는 것이다.

덧붙여 챗GPT의 또 다른 특징으로는 '컨텍스트의 이해'가 있다. 지금까지의 AI 챗봇은 개발자에 의해 사전에 준비된 규칙이나 매뉴얼에 따라 응답을 생성했다. 반면 챗GPT는 사용자가 입력한 텍스트에 근거해 응답을 생성하고 대화의 흐름을 지키기 위한 문맥을 유지하는 것이 가능하게 되어 있다.

챗GPT도 급속도로 진화하고 있으며, 2023년 3월 발표된 신형 모델 'GPT-4'는 이전 모델을 훨씬 능가하는 언어 능력을 갖췄다. 게다가 화상 인식 기능도 장착하여 더 이상 대화형 AI라는 카테고리에만 한정되지도 않는다.

실제로 GPT-4는 어느 정도의 성능을 갖추고 있을까? 그 수준을 쉽게 예로 들기 위해 GPT-4가 인간 세계의 몇 가지 시험을 통과한 사례에 대해 소개하고자 한다. 특히 우리에게 충격을 준 사례로는 미국 사법 시험이 있다. GPT-3.5는 응시자의 하위 10% 정도의 점수밖에 못 받았지만 GPT-4는 상위 10%에 드는 성적을 내서 여유롭게 합격한 수준임을 보여줬다. 심지어 미국 의사 자격 시험이나 경영학 석사의 명문으로 꼽히는 와튼 비즈니스 스쿨의 MBA 시험 등 어려운 시험에도 줄줄이 합격 수준으로 통과하는 사례가 보고되었다.

생성형 AI의 발달은 환영할 만한 미래

이렇게 센세이셔널한 챗GPT의 진화는 변호사나 교사, 나아가서는 화이트칼라 노동자 전체에 어떤 영향을 줄까?

GPT-4 출시 며칠 만에 OpenAI가 공개한 보고서 '고도 대화형 AI가 미국의 노동 시장에 미치는 영향'에 따르면 챗GPT와 같은 대화형 AI로 인해 미국 노동자의 약 80%가 적어도 업무의 10%에서 영향을 받고, 약 19%의 노동자가 업무의 50%에서 영향을 받는다고 예상했다. 또한 미국 대기업 금융 그룹인 골드만 삭스가 같은 주제로 고찰한 보고서에서도 현재 직업의 약 3분의 2가 AI에 의해서 자동화될 가능성이 있고, 특히 생성형 AI에 의해 현재 직업의 약 4분의 1이 대체된다는 결과가 발표되었다.

이들 보고서의 예측이 어느 정도 맞다면 전 세계 화이트칼라 노동자 대부분이 크고 작게 생성형 AI의 영향을 받게 된다.

2015년 옥스퍼드대학교의 마이클 오스본 교수 등은 '10~20년 후 일본 노동 인구의 49%는 AI나 로봇으로 대체 가능해진다'라는 내용의 보고서를 발표했다. 이 발표가 충격적이었다는 사실을 아직도 기억하는 사람이 많을 것이다. 우리가 지금 생생히 목격하고 있는 챗GPT를 비롯한 생성형 AI의 급속한 발달은 오스본 교수 등이 시사한 미래가 비현실적인 가정이 아니라는 점을 예감하게 한다.

이러한 미래 예측을 듣고 불안한가? 나는 오히려 환영할 만한 미래라고 생각한다. 왜냐하면 버추얼리즘의 목적은 '인간의 개성과 창조성을 확장하는 것'에 있다고 생각하기 때문이다.

인간과 AI를 구별할 수 없게 된다

미국의 미래학자인 레이 커즈와일은 그의 저서 『특이점이 온다』에서 싱귤래리티(기술적 특이점)가 일어날 가능성이 있는 시기를 2045년으로 예측했다. 싱귤래리티란 AI를 비롯한 테크놀로지의 진화가 빠르게 진행됨으로써 AI가 인간의 지능을 넘어 자기 학습이나 자기 진화를 이루는 상태에 도달하는 현상을 말한다.

지금의 생성형 AI의 성능이나 정밀도를 생각했을 때 2024년인 현재 우리는 이미 싱귤래리티를 맞이한 세계를 살고 있다고 해도 과언이 아니다. 물론 싱귤래리티의 정의는 학자에 따라 다르기 때문에 단정 지을 수는 없지만 적어도 싱귤래리티 전야(pre-singularity)를 맞이하고 있음은 의심할 여지가 없다.

컴퓨터나 AI의 능력을 평가하기 위한 테스트로 지금까지 반세기 가까이에 걸쳐 '튜링 테스트'가 이용되어왔다. 튜링 테스트는 컴퓨터 과학자인 앨런 튜링이 고안했는데 인간 심사원이 컴퓨터와 인간을 구분하지 않고 대화를 나눈다. 텍스트 기반 인터페이스(컴퓨터와 인간이 정보를 주고받을 때 접하는 부분)를 통한 대화를 하고, 심사원은 상대가 인간인지 컴퓨터인지 판단한다.

최근까지 AI 분야에서 일반적인 테스트 방법으로 꼽혀온 튜링 테스트이지만 챗GPT가 등장한 이후 굳이 이 테스트를 언급하는 사람조차 없어졌다. 즉, 챗GPT의 성능과 정밀도는 튜링 테스트가 논점으로 삼고 있던 명제를 한꺼번에 소거해버릴 만큼 자명한 진리로 뛰어넘은 것이다.

대화 상대인 챗GPT는 인간과 분간할 수 없기는커녕 한 인간이 평생에 걸쳐 얻을 수 없는 방대한 지식으로 순식간에 응답한다.

생성형 AI에 의해 디지털 세계의 인간이 완성된다

현재 일본에서 챗GPT가 소개되는 경우, 대부분 대화형 AI의 텍스트 교환 부분에 주목한다. 원하는 정보를 수집하거나 회의록 또는 논문을 요약하거나 기획 정리에 사용하는 등의 유용성이 각광받고 있는 것이다.

그러나 OpenAI가 연구·개발하고 있는 AI는 문장 생성뿐 아니라 음성(음악), 이미지, 동영상까지 폭넓게 그 영역을 넓히고 있다. AI에 대한 지시(프롬프트 엔지니어링)는 자연어가 마치 프로그래밍 언어의 역할을 하고 있는 것과 같지만 AI에서의 출력은 텍스트, 음성, 이미지, 동영상까지 멀티미디어가 된다. 프롬프트 엔지니어링의 퀄리티에 따라 AI의 잠재력을 어디까지 끌어낼 수 있을지가 결정되므로 지금보다 더 인간의 언어력이나 감성을 연마하는 노력이 요구될 것이라고 생각한다.

자동 번역 기술도 동시에 향상되고 있는데 이러한 의미에서 영어 실력의 중요성도 높아진다. 생성 AI의 조작을 영어로 할 것인가 혹은 다른 언어로 할 것인가로 아직도 성능이나 정밀도면에서 큰 차이가 있다는 점은 덧붙여 말해두고 싶다. 생성형 AI의 진화는 단순히 '논문을 편하게 쓸 수 있게 됐다' 정도의 이야기가 아닌 것이다.

OpenAI가 공개하고 있는 각종 AI 기술을 디지털 휴먼에 접목하면 과장이 아니라 인간에게 부과되던 시간과 육체의 제약이 없어진다. 어떤 개인의 이미지나 동영상 혹은 목소리의 데이터 세트만 제공하면 특정 인간의 모습이나 음성, 지성을 모두 추적해 재현할 수 있게 된다. 이번 장에서 이미 언급한 '디지털 세계의 인간이 완성될 것'이라고 주장한 의미를 이해할 수 있을 테다.

더 말할 것도 없이 디지털 휴먼이 죽는 일은 없다. 향후 전 세계에서 무수한 디지털 휴먼이 만들어갈 미래는 상상하기 어렵지 않다. 그렇다면 자연과 죽음의 개념 자체가 달라진다. 인간은 살아 있는 동안 디지털 휴먼의 데이터원이 되는 지적 자산 아카이브(웹상에서 발신하는 텍스트나 이미지, 동영상 등)를 어떻게 남길 것인가 하는 방향으로 행동이 바뀌어간다.

AI와 공존하다

AI는 창조성을 보완하는 '외부의 뇌'

AI가 빠르게 진화하는 가운데 우리는 어떻게 살아가야 할까? 어느 시대에나 입을 모아 말하는 '기계가 인간의 일을 빼앗는다'와 같은 비관론에 빠져 한탄할 필요는 없다. 생각해 보자. 버추얼리즘의 목적은 '인간의 개성과 창조성을 확장하는 것'에 있다. 읽고 쓰고 셈하기라면 AI도 할 수 있다. 디지털 세계에 인간이 태어나는 것은 틀림없지만 이것은 인간이 가진 '기능'에 지나지 않는다. 하지만 인간을 인간으로 만드는 진정한 요소는 개성과 창조성이다. 그래서 호기심이 한층 더 필요해진다. 실은 개성과 창조성은 버추얼리즘 세계를 살아내는 최대의 열쇠가 되므로 이번 장의 후반 주제로 해설하겠다.

AI를 잘 이용하면서 공존을 고민하는 게 좋다

챗GPT가 각광받기 전부터 AI와 활약을 함께해온 대표 인물로 장기將棋 기사 후지이 소타가 있다. 2016년 일본 역사상 최연소인 14살 2개월에 프로로 입문한 그는 유년기부터 AI를 상대로 장기 연구를 계속해왔다. 오랫동안 장기계를 이끈 하부 요시하루도 AI를 활용한 연구를 도입하여 현재도 앞장 서서 계속 활약 중이다.

AI에 의해 장기의 새로운 전술이 발견되는 한편, 인간의 창조성이나 직관적인 판단의 중요성이 재평가되고 있는 점에도 주목해야 한다. OpenAI가 문장 생성 이외에 음성이나 이미지의 생성도 동시에 제공하고 있음은 이미 서술한 대로다. 예를 들어, 달리DALL-E는 이미지 생성을 위한 AI 모델로, 사용자 측이 제공하는 텍스트 설명을 기반으로 새로운 이미지를 생성한다. '새빨간 숲', '태평양과 같은 산' 등의 구체적인 이미지를 지정하면 그 글귀에 대응되는 화상을 생성한다. 이미 이러한 기술을 활용한 AI 아티스트가 무수히 나타나고 있으며, AI를 창조적인 도구로 이용해 새로운 형식이나 표현을 도입한 아트 작품도 매일같이 생겨나고 있다.

장기 기사나 아티스트가 아니더라도 AI는 향후 당연한 듯이 우리의 일이나 생활에서 창조성, 인텔리전스를 보완하는 '확장 포지션' 혹은 '외부의 뇌'로 인식될 것이다. 우리는 앞으로 어떻게 하면 생산적으로 그리고 창조적으로 AI를 일이나 생활에 도입할 것인가를 생각해야만 한다.

애니메이션, 영화, 게임은
융합하기 시작했다

생성형 AI의 진화는 일본 기업에게 기회다

앞에서는 현재 진행형으로 계속 진화하는 생성형 AI의 특징에 대해 서술했다. 생성형 AI가 큰 임팩트를 줄 수 있는 영역으로는 게임 업계를 꼽고 싶다. 게임에 관해서는 1장에서도 가볍게 언급했지만 버추얼리즘의 핵심 분야기 때문에 여기에서도 언급하고 싶다.

지금까지의 게임은 어떤 유저가 플레이하든 기본적으로 같은 조작성, 이야기성, 무대 장치가 제공되었다. 그런데 앞에서 서술한 생성형 AI의 기술을 이용하면 플레이어 각각이 전혀 다른 게임 체험을 할 수 있게 된다. 예를 들어, 롤플레잉 게임에 나오는 NPC(Non Player Character: 게임상에서 플레이어가 조작하지 않는 캐릭터)의 행동이나 발언을, 그때마다 랜덤하게 플레이어에 맞춘 형태로 출력할 수 있다. 또 게임

내에서 스토리 전개도 변화시킬 수 있다. 그러면 플레이어는 그 전개에 따라 최적의 해답에 근거한 행동을 요구받기 때문에 획일적인 공략법이 없어지게 된다.

플레이어의 숙련도 레벨에 따라 게임이 전개된다면 지금까지의 게임과는 전혀 원리가 다른 제품이 만들어질 것이다. 이러한 의미에서 GAFAM이 모두 겨루는 대규모 언어 모델 경쟁의 층위가 아니라 그 애플리케이션으로써의 게임 분야야말로 일본이 우위성을 발휘할 가능성이 크다. 생성형 AI의 진화는 소니나 닌텐도에 기회를 주는 흐름으로 파악할 수도 있다.

콘텐츠를 둘러싼 업계의 울타리가 허물어진다

또 하나 주목하고 싶은 흐름이 있다. 바로 게임, 애니메이션, 영화 등 콘텐츠 업계가 융합의 움직임을 보이고 있다는 점이다. 1989년 「영 매거진 증간 해적판」에서 시로 마사무네가 원작 만화를 발표한 이래, 쟁쟁한 크리에이터들이 계속해서 영상화한 '공각기동대'가 대표적인 예다. 그 최신 시리즈인 '공각기동대 SAC_2045'에서는 처음부터 3D로 표현되던 전차 타치코마*는 물론이거니와 모든 것이 3D CG로, 공안 9과 멤버의 디자인도 아주 새로워졌다.

＊　'공각기동대 SAC_2045'에 등장하는 다족보행 기동 병기의 이름.

애니메이션 스튜디오는 게임이나 테크놀로지 기업으로 통합되는 중이다. 2022년 7월, 닌텐도가 애니메이션 스튜디오인 다이나모 픽처스를 인수해 '닌텐도 픽처스'를 설립했다. 또 소니는 2019년 12월, 미국 자회사를 통해 어린이용 애니메이션 제작사인 미국 실버게이트 미디어를 인수한 바 있다. 중국의 동영상 공유 사이트 운영을 중심으로 비디오, 라이브 방송, 모바일 게임 등의 콘텐츠를 제공하는 빌리빌리는 여러 애니메이션 제작 회사를 자회사로 둔 지주 회사인 '팬 미디어'에 투자를 하고 있다. 업계의 울타리를 넘어 통합이 이뤄지고 있는 것이다.

콘텐츠를 전송하는 플랫폼과 게임의 세계는 버추얼리즘의 세계로 통합된다. 우리 회사가 현재 출자 중인 애니메이션 제작사 '트윈 엔진 사'도 2022년 세계 최대 게임 회사인 텐센트로부터 출자를 받았다. 덧붙여 텐센트는 전 세계에서 큰 인기를 끌고 있는 온라인 게임 포트나이트를 개발한 에픽 게임즈사 주식의 40%를 보유하는 주요 주주기도 하다.

버추얼리즘의 가치를
지탱하고 있는 것

버추얼리즘은 의식에 의해 움직인다

지금까지는 최신의 테크놀로지를 사례로 들어가며 버추얼리즘 세계를 개략적으로 설명했다. 이제부터는 버추얼리즘의 경제역학에 초점을 맞추겠다. 캐피탈리즘에서 확인한 원리와의 차이를 읽어내면서 왜 개성과 창조성이 열쇠가 되는가에 대해 생각해 보자.

이제까지 캐피탈리즘의 세계는 물리적 제약 즉, 에너지 자원과 화석 연료, 광물 등의 고전역학에 근거하고 있었다. 그런데 버추얼리즘 세계는 물리적인 3차원 공간이 아니라 공간에 시간을 더한 4차원 이상의 세계다. 이 4차원 이후의 세계는 사물이 아니라 사람의 인지, 개념 즉, '의식'에 의해 움직인다.

버추얼리즘 에너지의 전제는 인지공학cognitive engineering에 있다.

이는 사람이 '생각하는 것'에 의해 가치가 생긴다는 개념이다. 예를 들면 인기가 있는, 기분 좋은, 동경하는 등과 같은 사람들의 집합 인지에 의해서 콘텐츠도 플랫폼 서비스도 급속히 경제 가치가 바뀐다. 또한 그 과정에서 매우 큰 에너지가 발생한다. 마치 핵 융합에 의해 압도적인 에너지를 발생시키는 구조와 같다.

이러한 경제 시스템에 대해 우리는 아직 많은 것을 체험하지 못했다. 다만 물리적·3차원적 제약이 없기 때문에 에너지의 규모가 캐피탈리즘과 크게 자릿수가 다르다는 점은 알 수 있다.

서장에서도 언급한 대로 트위터의 매수에 일론 머스크가 제시한 금액은 6.4조 엔이었다. 이 금액은 이미 캐피탈리즘의 틀로는 측정할 수 없는 세계의 규모다. 지금은 조에 머물러 있지만 2030년, 빠르면 2025년에는 경 자리까지 이를지도 모른다. 이것이 버추얼리즘 세계에서의 경제인 것이다.

계속 반복해서 말하지만 버추얼리즘 에너지의 근간은 '사물'이 아니라 사람들의 '인지'에 근거한다. 이 세계에서는 대규모 자본을 필요로 하지 않는 데다가, 애초에 그다지 도움이 되지도 않는다. 물건을 운반하던 19세기의 경제 원칙과 다르다. 사람의 상상력에서 나온 아웃풋과 그것을 받는 사람의 인지 사이에서 경제가 생겨나는 세계인 것이다.

자본이 도움이 된다고 해도 인프라를 지탱하는 서버나 네트워크의 안전성 등 사물적인 것뿐이다. 버추얼리즘 가치의 본질을 지탱하는 것은 상상력, 구상력, 구축력, 사람을 끌어당기는 개성이다. 이러한 것들은 자본 투하에 의해서 얻을 수 없다. 사람들이 원하는 세계관을 그리는 힘, 실제로 구축하는 지식, 아이디어와 구상에 사람을 끌어들이는 힘은 여전히 필요하다.

이단과 남다른 능력에서 성공자가 태어난다

최근 세계적인 무대에서 활약하고 있는 사람은 빌리 아일리시나 마크 주커버그처럼 이른바 정통적인 교육을 받지 않은 사람이나 프리 스쿨 출신이다. 이단과 남다른 능력에서 성공한 사람이 속속 탄생하고 있다. 일본에서도 최연소 장기 기사인 후지이 소타가 유년기에 몬테소리 교육을 받은 사실이 잘 알려져 있다.

그들이 시사하는 점은 어떤 교육이 좋았느냐가 아니다. 공교육 그 자체 즉, 오래전부터 계속되어온 학교에서 배우는 구조 그 자체를 회피한 점이 좋았던 것이다. 획일적인 교육에서 거리를 둠으로써 결과적으로 성장하고 개성을 키울 수 있었다.

'교敎'는 사회 질서를 가르칠 수 있다는 뜻이고, '육育'은 개성을 기르는 것을 말한다. 낡은 '교'를 회피하고 '육'이 의미하는 각자의 사고력이나 구축하는 힘을 멈추지 않게 하는 환경을 어떻게 만들 것인가가 중요하다.

가치와 신용이 말하는 인플루언서

버추얼리즘 세계에서는 네트워크에서의 영향력이 새로운 경제 가치 지표가 된다. 어텐션 이코노미에서 기업이나 미디어 혹은 인플루언서는 사용자의 주의를 끌기 위한 경쟁을 하기 때문에 사용자의 시간이나 주의력을 경제적인 자원으로 간주한다.

최근 일본에서도 개인적으로 지대한 영향력을 가진 인플루언서라는 말이 일반적으로 사용되고 있다. 일반적으로 '인플루언서 모델'이란 사회적 영향력을 가진 개인이나 그룹이 온라인 플랫폼이나 소셜 미디어를 통해 정보나 의견을 발신해 다른 사람들에게 영향을 주는 존재를 가리키는 개념이다.

인플루언서는 특정 토픽이나 주제에 대한 전문 지식과 열의를 가지며 대규모 팔로워를 기반으로 가진다. 그들은 자신의 영향력을 활용하여 상품이나 서비스 홍보, 의견 제시, 트렌드 형성 등 다양한 목적을 달성하기 위해 활동한다.

보다 근원적으로 인플루언서가 가지고 있는 영향력의 구성 요소로 무엇을 꼽을 수 있을까? 센스와 원리(주의), 시대성, 아웃룩, 정신성, 지성, 디자인 등 몇 가지 생각할 수 있는 요소는 있지만 아직 결정적인 요소는 연구에서도 밝혀지지 않았다. 필연·우연, 선천·후천, 주체적·수동적인지조차 알 수 없다. 단지 모두 그들이 강대한 힘을 갖고 있다는 사실을 알고 있을 뿐이다.

네트워크상에서 착실하게 신용을 쌓아가는 일도 좋지만 어중간한 것보다 튀는 쪽이 더 강력하다. 선망을 핵심으로 한 팔로워 경제가 융성한다. 다만 그 가치는 안정되지 않는다. 자신의 가치와 신용을 네트워크 속에 서서히 엮어나가야만 한다.

단번에 승부를 내서는 안 된다. 악플도 필요 없다. 일본에는 '남의 소문도 75일'이라는 속담이 있는데 버추얼리즘 세계에서는 통하지 않는다. 버추얼리즘 세계에서는 영원히, 디지털 문신으로 계속 남는다. 그래도 사람들은 자신의 팔로워를 계속 만들어내야 한다.

어텐션 이코노미의 연장선상에서 머지않아 인플루언서는 개인 통화를 발행할 것이다. 통화(돈)란 원래 신용의 토대가 있는 자가 발행하는 어음이기 때문에 기본적으로 신용이 있고, 신용이 있는 사람이 발행하는 어음이 유통된다면 돈은 누구나 자유롭게 발행할 수 있다. 영향력이 있는 사람은 머지않아 마음대로 자신의 통화를 발행할 것이라고 본다.

실제로 일본에서도 블록체인 기술을 활용해 크라우드 펀딩 2.0이라고 부르는 피낭시에FINANCiE라는 서비스가 이미 개인이나 그룹의 토큰(대용 화폐, 포인트 같은 것)을 발행·판매하고 있다.

AI와 로봇마저 통화를 발행하는 세상으로

개인이 통화를 자유롭게 발행하는 건 시작에 불과하다. 정부가 발행·관리하던 통화를 개인이나 사적 조직이 발행하는 것은 당연한 흐름으로, 로봇이나 AI도 생산력이나 신용이 있으면 시장에 유통하는 화폐를 자유롭게 만들어낼 수 있다(오른쪽의 그림 2-1).

그림2-1 돈의 기초는 자원에서 국가, 개인 및 기업으로 변화 중이다

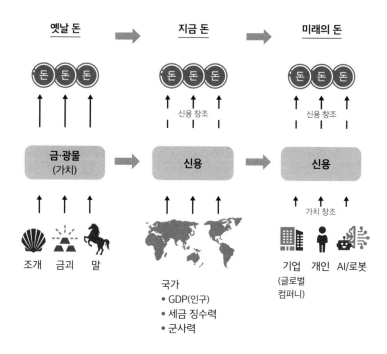

버추얼리즘 세계에서는 네트워크를 유지·번영시키기 위한 모든 행위에 대해 독자적인 대가(통화, 코인)가 발행되고 지불된다. 그리고 사람들은 자신의 아바타나 독자적인 AI, 로봇을 조작해 그 통화를 획득하는 게임을 벌이게 된다. 이렇게까지 되고 나서야 국가는 간신히 무슨 일이 벌어지고 있는지 깨닫게 될 것이다.

버추얼리즘의 본질은 컴퓨터 네트워크를 기능이 아닌 사회(세계)

로 진화시키는 데에 있다. 디지털 세계인 버추얼리즘에서 가장 중요한 것은 소유권이나 오리지널리티, 개성이며 우리는 앞으로 평판이나 유행 등으로 사람들의 이목을 사로잡는 어텐션 이코노미에 대비해야 한다.

버추얼리즘에서 필요한
두 가지 능력

지식과 입시 교육의 시대는 끝났다

지금까지 버추얼리즘의 기초적인 세계관과 경제역학에 대해 설명했다. 독자가 신경 써야 하는 부분은 그 세계에서 본인이 어떻게 살아야 하는가, 아이에게 어떤 교육을 받게 해야 하는가다. 지금부터는 교육에 초점을 맞추어 버추얼리즘 세계에서 개성이 절대적으로 필요한 이유에 대해 탐구해나가겠다.

교육 현장은 이미 교실에서 벗어나 원격, 여행, 장소 3개로 나뉘어 있다. '원격'은 지식, '여행'은 지혜, '장소'는 커뮤니케이션 능력을 기르는 역할을 각각 담당하고 있다.

이제까지처럼 '소중한 아이는 여행을 시키자'라는 방침을 지속하고, 가능한 넓은 교육 환경을 접하도록 투자하자. 그래야 진정한 다양성이 갖추어지고 덤으로 어학이라는 선물도 따른다.

지식을 둘러싼 환경은 달라졌다. 기존의 교육 환경에서는 아카데미즘 세계의 지식이 발견되고 그로부터 100년이 지나서야 교육 현장으로 내려왔지만 이제는 다르다. 아카데미즘에서의 발견은 곧바로 시민에게 전달된다. 하지만 이러한 지식을 전해주는 건 학교 선생님이 아니라 안타깝게도 유튜버 등 인플루언서다. 그들은 경쟁 시장에 놓여 있기 때문에 아이디어를 짜내어 심플하고 알기 쉽게 전달하려는 노력을 빠뜨리지 않는다. 이러한 의미에서 학교는 필요 없다. 장소로써의 가치만이 학교에 남는다. 이제는 개개인이 마음대로 그리고 원격으로 필요한 지식을 배운다.

원래 일본에 현재와 같은 지식 교육 제도가 설계된 것은 에도 시대의 계몽가이자 교육자인 후쿠자와 유키치의 『학문의 권장』이 시작이었다. 하급 무사였던 후쿠자와는 집안에 상관없이 수재를 요직에 앉혔다. 당시 교육 기관의 가장 높은 위치에 있던 대학교가 지금의 도쿄대학교였다.

예전에는 세계의 대학교 랭킹 톱 10에 있던 도쿄대학교지만 최근에는 그 순위가 뚝뚝 떨어지고 있다. 영국의 고등 교육 전문지 「Times Higher Education(THE)」가 발표한 2023년 최신 랭킹에서 도쿄대학교는 29위였다. 확실히 고도 경제 성장기까지의 일본에서는 매뉴얼대로 답을 내고 담담하게 작업을 해내는 능력이 중요했던 시대였을지 모른다.

그러나 지식 전달과 입시 교육의 시대는 끝났다.

'받은 애정의 양'과 '의식의 제어력'에 기대하라

외국 인재 기용 등 일본 럭비 대표팀의 전략을 10년 전부터 세우고 도입했던 히라오 세이지는 "아이에게 가르쳐야 할 것은 호기심과 통찰력뿐이다."라고 말했다. 자녀 교육에 필요한 건 바로 이 두 가지다.

엄마아빠에게는 힘들겠지만 홈스쿨링(통학하지 않고 가정에서 학습을 하는 것)이 아이에게 가장 창조성을 준다는 사실이 검증되고 있다. 그러니 굳게 결심하고 끝까지 아이와 함께해주었으면 한다. 학술 연구에서도 홈스쿨링을 받은 아이들이 학교에 다니는 아이들에 비해 질 높은 친구 관계를 가지며 부모나 다른 어른들과의 관계도 좋다고 나타났다.

부모가 자식에게 들여야 할 것은 시간이지 돈이 아니다. 아이는 부모가 들인 시간을 사랑으로 자연스럽게 전환하고 기억한다. 받은 사랑은 인생의 안전망이 된다. 이제 우리는 예전과 다른 시대를 살고 있다. 정보는 순식간에 가치를 잃고 지식의 유통 기한도 짧다.

기대할 수 있는 것은 지식이 아니다. 남에게 받은 애정의 양과 자기 의식의 제어력뿐이다. 히라오 세이지가 말한 통찰력, 호기심은 의식의 문제다. 의식은 오감을 넘어선 지각을 발휘한다. 그것은 '생각하다, 느끼다, 고려하다, 보다'라는 네 방향이다. 날마다 의식을 움직이는 방법을 연습하는 것이 성과로 이어질 테다.

의식이 개성(천재성)을 만든다

아이(에 한하지 않고)의 개성(천재성)을 면밀하게 확인하고, 그 선두로 가는 최단 거리를 서포트하는 것이 부모나 주변인이 맡은 역할이다. 반복되는 이야기지만 기존의 지식 전달식 교육은 앞으로 필요 없다. 교육의 어원은 라틴어로 'Educo'인데 이는 개성을 도출한다는 뜻이다. 아이누* 사람들은 6살 무렵이 되면 그 개성을 보고 비로소 진짜 이름을 붙인다. 그만큼 개성(천재성)에 입각하는 삶의 방식이 중요하다는 의미다.

교육의 '교'는 사회 질서, '육'은 개성. 합쳐서 교육이다. 하지만 현실을 보라. 많은 젊은이들이 사회에 적응하지 못하고 회사나 학교를 그만두고 집에 틀어박혀 있다. 젊은이들의 절반도 사회에 적응하지 못하므로, 자책할 필요가 전혀 없다. 일본의 사회 구조는 바뀐다. 기존의 사회 구조가 옳다고 생각하며 살아서는 안 된다.

일본은 작은 섬나라에 불과하다. 그 사회 질서는 더욱 더 작기 때문에 아이에게 학교에서의 지식 전달식 교육을 강요해서는 안 된다. 어디까지나 개성에 입각한 생활 방식을 스스로 설계하는 데에 주력해야 한다. 모두가 세계를 무대로 한 라이프 아티스트가 되어야 한다. 어른도 아이도 이제는 일단 걸음을 멈추고 창의력으로 세계와 미래를 바라봐야 한다.

---

* 　주로 일본 홋카이도에 거주하는 소수 민족. 일본 본토의 야마토 민족과는 다른 민족이다.

'배우기'라는 폭력

그렇다면 창의력은 어떻게 키울 수 있을까? 부모가 자식에게 해줄 수 있는 일을 생각해 보자. 아이에게 무작정 돈을 주어서는 안 된다. 자녀에게 주어야 할 것은 환경과 영양과 애정, 이 세 가지밖에 없다. 부모는 자녀를 훈육할 필요가 있지만 교육해서는 안 된다. 교육에 관해서 부모는 아마추어며 편견과 이기심을 강요할 위험성이 크다. '배우기'가 그 전형이다.

어린아이들 대부분이 피아노와 바이올린과 발레를 배우고 있다. 하지만 유감스럽게도 그림(아트)과 달리 음악적 재능의 80%는 유전이며, 발레의 성공은 골격으로 결정된다(그래서 러시아에서는 이른 시기에 아이가 포기하게 한다).

재능이 없다는 걸 일찍 인정해야 한다. 그렇지 않으면 그저 값비싼 수업료를 매달 선생님에게 주는 일밖에 안 된다. 학생은 마지못해 레슨을 계속하고 쓸데없는 시간과 부모의 돈을 쓰게 되는 것이다. 물론 발레나 바이올린, 피아노 배우기 자체를 부정하지는 않는다. 다만 개성에 적합하지 않은 것을 배우는 일은 괴로울 뿐이라는 말이다. 맞지 않는 배움은 아이의 기억 속 깊은 곳에 죄책감과 무능감, 트라우마를 계속 쌓이게 만든다.

개인적인 경험에 비춰 말해보겠다. 나는 어릴 때부터 그림을 그리고 낚시를 하다 보면 행복했다. 하지만 부모님의 강요로 인해 럭비와 가라테, 수영, 서예, 주판, 영어 회화, 테니스, 농구, 승마를 배워야 했다. 게다가 여름 방학엔 다른 아이들처럼 마음껏 놀지도 못했다. 아메

리칸 스쿨의 여름 코스에 다녀야 했기 때문이다. 안타깝게도 이렇게 억지로 배운 모든 것이 트라우마였고 시간 낭비였다. 스파르타식 지도와 미국 혐오를 극복하기까지 십수 년을 보냈다.

때때로 부모는 교활하고 아이는 약자다. 절대 힘이 균형 있게 조화를 이루는 관계가 아니다. 아이들에게 배우기는 폭력이 될 수 있다. 부모는 자신(이 하고 싶었던 일)을 투영해 마음대로 아이에게 권할 가능성이 있다. 물론 부모를 책망하는 게 아니다. 자연스럽게 그렇게 될 위험성이 있다고 말하는 것뿐이다.

부모가 해야 할 일은 아이의 개성을 정밀하게 관찰하는 일이다. 그리고 아이의 천성에 준한 환경을 설정해줘야 한다. 어떤 일을 할 때 결정권은 독일의 학교 경영처럼 자녀(학생), 부모, 제3자(교사)가 3분의 1씩 가져야 한다. 부모는 겨우 3분의 1밖에 의결권이 없다는 점을 명심하기 바란다.

의외로 냉정하고 객관적으로 아이를 관찰해 올바른 방향으로 이끌어주는 사람은 따로 있다. 안타깝지만 부모는 아니다. 적정 거리를 유지한 채 객관적으로 아이를 바라보고 이끌어주는 '동네 아저씨'나 '친척 아줌마'다.

나의 경우는 아버지가 경영하는 공장에서 일하던 나카무라 아저씨였다. 나카무라 아저씨는 학원 교사도 했어서 내가 홍역으로 중학교를 쉬고 있을 때 수학을 가르쳐주었다. 이어 고등학교를 졸업한 다음 낚시만 하던 백수인 나를 특대생 대우로 학원에 보내줬다. 그 덕분에 나는 반년 후에 입시 학원의 플랜카드에 이름이 붙는 대학교의 학부에 모두 응시했고 학원의 대학교 합격자 수 향상에 기여하는 사람이 되었다. 나카무라 아저씨는 내 인생을 올바른 방향으로 이끌어주고 바꿔준 은인이다.

요즘 세상에서 부모 역할을 하기가 힘든 건 알고 있다. 아이에게 영양과 애정을 주는 것만으로도 벅차고, 어린 괴물(아이)은 일을 방해하기만 한다. 하지만 아이는 자본주의와 손익 감정으로 얼룩진 이 비정상적인 사회에서 유일하게 사랑 그 자체라고 단언할 수 있는 신의 선물(천사)이다. 아이에게 삶의 방식도 자세도 강요하지 말고 살며시 계속 지켜만 보자.

복사 가능한 세상이기에 빛나는 '개성'

모두 디지털로 구성된 버추얼리즘 세계에서는 모든 것이 쉽게 복사가 가능하다. 모든 것이 복사 가능한 디지털 세계에서 우리가 갖춰야 할 가장 중요한 요소는 뛰어난 개성(오리지널리티)이다. 버추얼리즘 세계에서 부여되는 최대의 과제는 '오리지널리티'와 '소유권'을 어떻게 지킬 것인가다. 블록체인을 포함한 기술 대부분이 오리지널리티와 소유권을 확보하기 위해 개발된 것이고, 점차 더욱 확실하게 오리지널리티와 소유권을 지키는 방향으로 진화하고 있다. 이것은 디지털의 숙명이다.

여기서 우리는 '개성이란 무엇인가?'를 해석하고 생각해야 한다. 사람들은 개성을 말할 때 무엇을 생각할까?

우선 신체적 특성, 사고·정신적 특성이 있다. 버추얼리즘 세계에서 아바타처럼 신체적 특성이 자유롭게 바뀔 수 있다면 개성의 중점은 사고·정신적 특성으로 옮겨간다. 즉, 무엇을 지각하고, 어떻게 파악 (느낌·생각)하고, 어떻게 씹고(인지), 어떻게 그 세계를 표현(반응)하느냐가 중요해진다. 또 그 반복 패턴의 일관성이 보다 개성을 강화한다. 개성이란 '개인의 세계관을 명확하게 표명하는 것'이다.

어려운 이야기로 들릴지도 모르겠다. 그동안 우리는 자신의 개성 (즉, 지각에서의 반응 패턴)을 명확히 인식하지 못했다. 우리에게 익숙한 캐피탈리즘 세계에서는 각 개인이 지닌 개성보다는 사회성이 중시되고 대량 생산품을 기계적으로 생산하는 노동자로 사는 것이 바람직했기 때문이다.

그러나 버추얼리즘 세계 속에서 산다면 스스로의 개성을 다시 명시적으로 일일이 다시 살펴봐야 한다. 왜냐하면 버추얼리즘 세계에서는 계속 반복해서 이야기하지만 사회성보다는 개성과 창조성의 가치가 크기 때문이다. 이 세계는 기본적으로 무국적이며 다양한 세계가 다수 존재한다. 그렇기 때문에 어떤 커뮤니티에서 나왔든 또 다른 세계로 쉽게 이동할 수 있다.

중력이 있어 땅에서 벗어나는 것이 힘든 현실 세계의 국가와 달리 버추얼리즘 세계에서 살아가는 사람은 자신의 소속을 아주 손쉽게 변경할 수 있다. 현실 세계에서는 출생과 동시에 특정 조건(부모, 출생지, 신체적 특징 등)이 운명으로 부여되지만 버추얼리즘 세계에는 그러한 조건이 존재하지 않는다.

어떤 행동을 하든 남들에게 주제넘는 짓을 한다고 비난을 받을까 두려워할 필요도 없다. 동시에 물리적으로 세계를 돌아다닐 필요도

없어진다. 자신의 개성만이 버추얼리즘 세계를 자유롭고 즐겁게 살아가는 지침이 된다.

평생 학습의
필요성

예전에 의대와 미대 입시를 위해 학원을 찾은 적이 있다. 하지만 미대 학원의 입학은 35살까지만 가능하다며 거절을 당했다(2024년 2월 현재 연령 제한은 철폐된 것 같다).

미술은 평생 학습에 가장 적합하다고 생각하는데 그 기회를 어른에게 주지 않는 것은 어떠한가? 누군가는 '문화 센터에서 배우는 건 어떠냐'라고 물었지만 말도 안 된다. 나는 항상 기초와 본질부터 시작하고 싶다. 게다가 어릴 적부터 미대 입학을 꿈꿔왔다.

또 의대는 아직 의사를 양성하는 일을 전제로 하기 때문에 정확한 의학적 지식을 축적한 사업가를 기를 생각은 없는 듯하다. 임상 현장은 중요하지만 이 나라의 의료비 50조 엔이라는 세금을 어떻게 2분의 1로 만들고 효과를 배가 시킬 수 있을지 구상하며 사회에 구현하는 것은 사업가의 몫이고, 그 사업가가 의학을 제대로 배우는 것에 의의는 없는 것일까?

일본의 평생 학습은 끝났다. 나는 별로 고생하고 싶지도 않고, 사회인이니까 직업으로 삼을 사람보다 더 자세히 가르쳐 달라고 말하지도 않는다. 다만 무슨 일이든 제대로 기초와 본질을 배우고 싶을 뿐이다. 스스로 정말 하고 싶은 일을 할 수 있을 때까지는 나름대로 시간이 걸린다.

기술도 시간도 생기는데 드디어 정말로 하고 싶은 것을 하고 싶을 때 나이로 기회가 제한되는 일은 유감스럽고, 이러한 사람을 비웃는 음침한 입시 학원의 분위기에 일종의 섬뜩함을 느꼈다. '대학교는 18살이 가는 곳'이라는 생각은 100세 시대의 에이지레스 사회를 저해하는 불가해한 환상이자 커다란 모순이다.

THREE

WORLDS

3장

셰어리즘

**자연의 리듬으로 협력하고
땅에 뿌리내리고 사는 세계**

획일화와 범용화를 목표로 하는
캐피탈리즘에서 탈출해
개성과 창조성의 발로를 목표로 하는 사람들은
버추얼리즘 세계에 빠져든다.
하지만 이것만으로 인류는 보완될 수 있을까?
우리가 진정으로 찾는 '풍요'는 무엇일까?
관계성과 신체성의 회복을 목표로 하는
세계인 '셰어리즘'에서 그 답을 찾아보자.

부의 추구에서
풍요 추구로의 전환

보더리스* 월드에서 버티컬 월드로

1600년 동인도 회사가 설립된 이후 400년이 조금 넘는 시간 동안 인류는 세계 곳곳을 탐색했고 지구 표면에서 미스터리는 사라졌다. 세계의 모든 사람들 사이에 도량형이 공통으로 쓰이게 되었고 누구나 알파벳으로 표기한 이름을 가지게 되었다. 그리고 모든 민족이 돈을 통해 최소한의 가치 교환을 하게 되었다. 적어도 토지 고유의 문화나 역사, 가치관을 제외하면 세계가 하나로 연결되었다고 말할 수 있는 상태다.

---

* 적은 비용으로 많은 이익을 얻기 위해 국가 간의 경계를 허물고 업종 간에도 뒤섞임 상황이 일어나는 경제적인 현상.

자본주의는 편리한 도구였다. 돈이라는 에너지를 집약해 집중 투하로 제품을 대량 생산하고 이것을 지구상에 유통시킨다. 그 일련의 흐름이 주류가 되는 시대가 500년간 계속되었다. 몇 번이나 언급한 것처럼 결과적으로 세계는 획일화된 상품(맥도날드와 스타벅스)으로 넘쳤고, 사람들은 근심 없이 편안하고 농도가 옅은 삶을 살게 되었다. 세상 모든 것이 같은 색으로 물듦으로써 지구 환경은 말기적인 상황에 빠졌다.

이와 같은 '보더리스 월드Borderless World'가 끝나는 동시에 새로운 패러다임이 생겨나고 있다. 바로 '버티컬 월드Vertical World'라는 컨셉이다. 버티컬 월드는 지구 중심에서 지표를 거쳐 하늘에 수직으로 뻗어나가는 세상이다. 이제까지의 보더리스 월드가 지구의 표면을 이어 붙여서 일원화한 것에 반해, 버티컬 월드는 지구의 코어(핵)에서 우주로 뻗어나가는 선에 일관성을 갖게 하는 사고방식이다. 구체적으로는 각 토지에 대해 지구의 코어(핵)에 가까운 부분으로부터 지각, 지질, 기후, 풍토, 토지의 기억(역사), 동식물, 사람의 성질, 생활 문화, 산업, 제도와 같은 층위를 통합시켜 생각한다(오른쪽의 그림 3-1).

보더리스 월드는 무역을 통해 부를 낳았지만 세계를 균질화하고 고유의 문화를 표백화했다. 모든 땅에 맥도날드와 스타벅스를 심어 각 지역에 있던 아름다움과 풍요를 씻어내버린 것이다.

반면 버티컬 월드는 부를 추구하는 것이 아니라 토지의 고유성을 빠짐없이 살펴 거기에 조화되는 생활, 산업, 제도를 정돈함으로써 풍요를 추구하자는 컨셉이다.

그림3-1 보더리스 월드에서 버티컬 월드로

수평 유통에서 부(wealth)가 태어나고
수직 통합에서 웰니스(wellness)가 태어난다

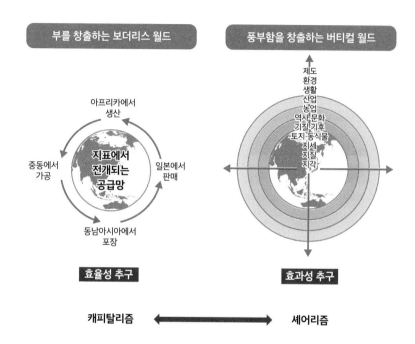

출처: 블루마린 파트너스가 독자적으로 작성

우리가 찾는 '진정한 풍요'란 무엇인가?

그렇다고 해도 버티컬 월드가 추구하는 것이 반드시 보더리스 월드의 세계관을 부정하는 것은 아니다. 매트 리들리가 『이성적 낙관주의자』에서 말했듯이 인간의 번영을 지탱해온 것은 분업과 교환이다. 사람들은 각각의 토지 교류와 무역으로 부를 창출해왔다.

그 웰스wealth(부)를 낳는 것이 보더리스 월드라고 한다면 웰니스wellness(풍요)를 낳는 것은 버티컬 월드다. 지금까지의 세계는 지구 표면을 한 바퀴 빙 돌아 세계를 연결함으로써 분업과 생산성 향상을 목적으로 했다. 유명한 농담 중에 '제품이란 독일인이 발명하고 미국인이 상품화한다. 영국인이 투자하고, 프랑스인이 브랜드화하고, 이탈리아인이 디자인하고, 일본인이 소형화와 고성능화를 성공시킨다'라는 말이 있다. 이 농담은 보더리스 월드의 원리를 잘 표현하고 있다.

보더리스 월드는 효율성을 추구하고 버티컬 월드는 효과성을 찾는다. 지방 창조, 지역 개발의 맥락에서 지역 생산·소비에 관련된 실천을 보다 본질화시켜 다의적으로 적용 가능하게 하는 것이 버티컬 월드의 사고방식이다.

캐피탈리즘의 끝에 우리가 추구하는 풍요로움이란 무엇인가? 그것은 신체성(건강)과 관계성(연결)의 회복일 것이다.

신체성(건강)을 회복시키는 지혜

도시 사람들이 깨닫지 못하고 있는 '건강의 본질'

신체성 회복에 대해 생각할 때 필요 불가결한 것은 '건강'을 형성하는 요소다. 도시에 사는 많은 사람들은 건강을 유지하기 위해 5대 영양소를 챙겨서 보충제를 복용하며 단백질을 먹고 헬스장이나 사우나를 다닌다. 이들에게 '건강은 그에 기여하는 영양과 운동 등의 요소를 적용함으로써 실현된다'라는 전제가 깔려 있다.

그러나 정말 그럴까? 예를 들어, 헬스장의 런닝 머신에서 운동하는 사람들은 운동이라는 요소를 적용하고 있겠지만 실제로 거리를 달렸을 때의 몸에 대한 피드백과는 전혀 다르다. 거리, 특히 산이나 강가 등을 달릴 때 발이 맞닿는 지면에서 낙엽이나 쓰러진 나무, 돌멩이와 같은 다양한 자극을 얻는다. 또 숲을 누비며 느끼는 비 그친 땅의 냄새와 피어난 금목서의 냄새, 볼이 촉촉해지는 체감까지 헬스장의 런닝 머신에서 얻는 것보다 수백 배의 자극이 찾아온다.

건강이란 심신에 찾아오는 자극의 종류와 빈도 그리고 이것들을 몸이 받아들이고 반응하는 것의 연속에 의해 형성된다. 영양소의 측면에서도 비타민 C나 B 등 요구되는 양이 많은 영양소가 아닌 그 외의 미량 영양소가 건강에 중요하다고 밝혀지고 있다. 요소를 도입하는 것보다 요소와 요소 사이에 있는 미량의 성분으로 인해 건강은 유지된다.

여기서 말하는 '사이에 있는 요소'란 사람들이 평소에 신경 쓰지 않는 공기나 물, 다른 사람의 시선이나 흙 속의 미생물 등이다. 이러한 의미에서 땅과 떨어져 생활하면서 장기적인 건강을 유지해나가기는 어렵다. 도시에서 초래되는 건강은 지표 20m 이내에 존재하는 자연, 사람과의 연결이 유지된 환경 속에서 초래되는 건강과는 전혀 질이 다르다. 건강은 요소를 첨가해서 얻는 것이 아니라 공간이나 음식에 포함된 복합적인 작용에 의해 초래되는 것이기 때문이다.

우리는 흙에서 떨어져서는 살 수 없다

산업 혁명 이후 사람들은 조상 대대로 살아온 터전을 떠나 일자리를 찾아 도시로 나왔다. 아스팔트로 다져진 땅 위를 걷고 슈퍼마켓에서 채소를 사 먹는 생활은 사람에게나 지구에게나 지속적이지 않다는 사실이 조금씩 명백해지고 있다.

현재 미국인들의 삶의 방식을 지구에 사는 모든 인간이 해나간다면 지구의 지속 가능성이 파멸적으로 훼손될 것이라는 점은 상상하기에 그리 어렵지 않다. 또 태양을 쬐지 않으면 비타민 D가 생성되지 않듯이, 우리는 태양에서 벗어나서는 살아갈 수 없다.

그렇다면 우리는 땅에서 무엇을 얻고 있는가? 단적으로 말하자면 '행복 그 자체'다. 2007년 5월, 미국 학술지 「신경과학Neuroscience」에 실린 연구에 따르면 면역 반응에 의한 세로토닌 작동 시스템 발견을 통해 세로토닌과 토양 내 미생물의 관계가 조명되었다. 이 연구는 생쥐를 이용한 실험으로 토양 속에 포함된 미생물에 의해 세로토닌이 활발하게 방출된다는 사실을 증명했다.

세로토닌은 흔히 행복 호르몬이라고도 불리며 기분이 좋아지거나 사물을 긍정적으로 생각할 수 있는 작용을 한다. 우울 증상이 있는 환자에게 진흙놀이를 시키고, 흙에 포함된 미생물의 작용으로 세로토닌을 분비시킴으로써 증상을 개선시키는 방법이 시도되고 있을 정도다.

이처럼 인간은 흙을 만지면 행복을 느끼는 데에 필수불가결한 호르몬이 분비된다. 진흙놀이뿐만 아니라 원예 등을 하며 흙을 만져도 충분히 토양균을 체내에 넣을 수 있다. 우리는 흙에서 떨어져 살 수 없다.

직접 흙을 먹는 습관을 가진 나라도 존재한다. 인류가 토양을 먹는 문화는 세계 각지에 분포하고 있다. 흙은 소화 작용 촉진, 자양 강장, 해독 등의 효과를 낸다고 알려져 있다. 프랑스 요리 중에는 끓인 흙에 루꼴라 뿌리를 곁들인 '흙수프'라는 요리도 있다. 최근에는 이러한 요리를 덜 먹고 있긴 하지만 산간 지역이나 소금이 부족한 지역에서는 쉽게 영양소를 섭취할 수 있을 때까지 미네랄 보급을 위해 간혹 흙을 요리한 음식을 먹기도 했다.

흙을 만지는 것으로도 염증을 억제하는 작용이 이뤄진다. 사람의 몸은 항상 전하를 띠고 있으며, 이에 따라 신경계가 정보를 전달한다. 전자 기기 등의 작용에 의해 전하가 지나치게 몸 안에 정체되면 만성적인 염증이 생긴다. 이에 대한 해결책으로 인체가 땅에 접촉하는 것을 어싱Earthing(그라운딩)이라고 부른다. 어싱은 최근 들어서 건강에 관심이 많은 사람들 사이에서 주목받는 중이다. 지면에서 체내로 마이너스 전하가 들어가서 몸에 있는 플러스 전하를 중화시키는 효능을 발휘한다.

장수의 열쇠는 바다에 있다?

흙도 사람에게 긍정적인 영향을 주지만 바다도 인체에 좋은 영향을 미치는 효과가 있다. 이는 인류 문명의 여명기부터 경험의 지식으로 알려진 사실이다.

고대 그리스 의학의 시조 히포크라테스도 바다를 질병 치료에 이용했고 일본의 해수욕도 원래는 '시오토지'라고 불리는 민간요법이었다. 현대에도 바다를 이용한 치료는 탈라소테라피Thalassotherapy라고 불린다. 프랑스에서는 일부 보험이 적용되는 등 현대 서양 의학과의 융합도 추진되는 중이다. 덧붙여 세계의 5대 장수 지역을 조사하면 그중 4개 지역이 바다에 접해 있다는 사실도 알 수 있다.

새로운 타잔이야말로 21세기의 영웅상이다

몇 년 전 영화 '레전드 오브 타잔'의 감상으로 아래의 글을 기고한 적이 있다. 그로부터 시간이 흘러, 현재 내가 생각하고 있는 것은 도시 혹은 자연의 이항 대립이 아니라 이 두 가지가 유기화된 완전히 새로운 도시의 재설계다. 기고했던 글을 살펴보자.

이 영화에 등장하는 타잔은 21세기의 새로운 영웅상이지 우리가 아는 타잔의 이야기가 아니다. 우리 세대가 기억하는 타잔은 "아아아~" 소리를 지르며 나무에서 나무로 뛰어다니는 원시인의 이미지다. 뒷마당이나 정글짐에서 타잔 흉내를 내고는 한참을 웃던 일은 초등학생 때의 좋은 추억이다.

많은 사람이 살았지만 당시 교외는 아직 집도 드문드문 있었고 숲이 펼쳐져 있었다. 그러한 시대에는 타잔처럼 정글에서도 살아남을 수 있는 강인한 육체 즉, 생존성이 영웅의 증거였다. 같은 시기에 인기를 얻었던 뽀빠이도 마찬가지로 강인함과 용기를 가지고 있었다.

그런데 시간이 흘러, 경제 성장에 비례해 교외의 삼림은 헐리고 주거 단지가 차례차례로 들어섰다. 가까운 정글은 자취를 감췄다. 우리는 수험 전쟁과 취업난을 뚫고 새로운 생활을 찾아 도시로 나갔다. '머리가 좋고, 돈을 가진 것이 훌륭하다'라는 게 도시의 규칙이다. 그리고 우리는 어느덧 육체적 힘을 경시하게 되었다.

흙에 직접 닿을 일도 대지에 발을 붙이고 걸을 일도 없이 아스팔트로 포장된 인도를 따라 늘어선 고층 빌딩과 아파트 속에서 몸에 전자기電磁氣를 띠며 매우 편리하고 매우 건강하지 못한 생활을 하고 있다.

우리는 물질적 풍요에 둘러싸여 더 이상 굶어 죽지 않는다. 생존 욕구는 충족되었다. 충족되지 못한 것은 오히려 승인 욕구다. 바꿔 말하면 자신이 '나'인 감각이다. 하루하루 잉여물에 둘러싸여 자본에 삼켜질까 두려워하고 언젠가 AI가 인간을 넘어설 날 즉, 싱귤래리티 문제를 두려워하며 살고 있다. 숫자와 기계가 자신을 집어삼키는 데 겁을 먹으면서도 도시 생활이 주는 자극으로 그 불안감을 달래고 산다. 이미 숲에서 타잔놀이를 하던 일은 까맣게 잊었다.

우리가 알고 있는 옛날 타잔은 정글에서 태어나 자랐고, 그곳에서 살았던 원시적 영웅이었다. 그런데 이 새로운 타잔은 전혀 다르다. 도시에서 생활하고 도시에서 성공한 후에 굳이 정글로 되돌아간다. 새로운 타잔은 영국 귀족으로 아름다운 아내가 있고 단정한 얼굴과 강인한 육체, 지성과 교양을 갖췄다. 그는 지금 사람들이 동경하는 모든 것을 가지고 있는 듯이 보인다. 그가 원하는 것은 빙 돌아 굳이 정글로 돌아가는 것, 원시적 환경 속에서 진짜 인간성을 되찾는 것이다. 그리고 이것은 현대를 살아가는 우리 모두가 마음 속으로 원하는 것이라고 생각한다.

현재 우리가 진정으로 원하는 것은 돈도 아니고 물건도 아니다. '좋아요'로 채우려고 하는 얄팍한 승인 욕구도 아니다. 기계화되고 숫자화되는 이 추상화된 세계에서 진정으로 요구하는 것은 살아 있는 실감과 신체성의 회복이다. 그렇기 때문에 새로운 타잔은 우리의 새로운 영웅이다.

앞으로 일하는 방식에서 빼놓을 수 없는 세 가지 키워드

앞으로 일하는 방법에 힌트가 될 만한 사례로 한 산초나무 농가의 생활 방식을 이야기하고자 한다. 그는 2021년 일하는 방식의 미래를 생각하는 'Work Story Award'에서 내가 심사위원 특별상으로 선출한 분이다.

선출한 이유로는 첫째, 일과 생활이 융합된 그의 삶의 방식 때문이다. 이제까지 우리의 가치관에서는 '일'과 '생활'이 이항 대립으로 나뉘어 있었다. 일하는 시간은 기본적으로 마이너스며 그 피로를 생활이나 오락의 플러스로 메운다는 생각이 주류였지만 이 생각에 종지부를 찍고 싶다.

향후에는 일도 생활도 맞닿아 있는 게 중요해진다. 그렇기 때문에 일의 정의를 금전 획득을 위한 노동이 아닌 자신의 가치관과 재능에 기반한 공헌 작업으로 바꿔야 한다. 이러한 가치관을 이미 구현한 것이 첫 번째 이유다.

두 번째는 '가치 판매Value Selling 때문이었다. 그는 생산량이 아니라 브랜드 가치를 높이는 데 초점을 맞춰 산초를 아오야마의 플로릴레주(당시 20대 여성들에게 인기가 많던 레스토랑. 현재는 가미야초로 이전)에 고가로 납품하고 있다.

땅에 뿌리를 내린 생산자는 높은 가격을 요구하기 매우 어렵다. 왜냐하면 땅에서 수확한 수확물은 어떤 종류의 주어진 혜택이며, 이것을 인위적으로 높은 가격에 판매하는 행위는 윤리적 모순을 안고 있기 때문이다. 수확물을 고가에 판매하는 일을 실현하려면 고도의 지성과 성숙한 정신이 필요하다. 이 두 가지가 없으면 할 수 없는 일이다(일본의 관광업에서도 마찬가지다). 생산자가 고가의 판매가로 높은 마진을 얻을 수 있으면 생활이나 시간에 여유가 생긴다. 그러면 현재의 이익만 고려하며 하루하루를 살아가는 것이 아니라, 미래에 대해 생각할 여유가 생기고 미래에 대해 투자하는 일이 가능해진다.

세 번째 이유는 그가 일을 복합적으로 하는 '복합 워커'이기 때문이다. 그는 산초뿐 아니라 같은 밭에서 채취할 수 있는 수확 시기가 다른 작물인 뽕잎차를 재배하고, 또 농사 일이 없는 농한기에는 정원사 일도 한다.

2012년 시티 앤드 길드사City&Guild가 실시한 조사에 따르면 정원사는 직업 행복도 랭킹 1위로 2,200명의 설문 대상자 중 87%가 행복하다고 응답한 직업이다. 역시 사람들이 기뻐하는 모습을 보면 흙과 꽃에 둘러싸이는 일은 행복에 좋은 행위인 듯하다. 참고로 은행원의 행복도는 44%로 최하위, 정원사의 절반 정도다.

이러한 일과 생활의 융합, 가치 판매, 복합 워킹 세 가지 가치는 새로운 일하는 방법에서 중요한 키워드가 되고 있다.

앞서 타잔은 도시에서 생활하고 도시에서 성공한 뒤 굳이 정글로 돌아왔다고 적었다. 고향은 자신이 태어나 뿌리내린 곳으로 식물처럼 그 기억을 신체에 깊이 베어들게 한다. 다만 타잔처럼 때로는 자신에게 최적의 장소(위도와 경도)를 찾아야 한다.

10대에서 20대에 지구를 구석구석까지 걷는 일을 빼놓을 수 없다(물론 나이를 먹었다고 해도 더 넓은 세상을 두루 여행하고, 여기저기 다니며 보고 듣는 경험이 필요하다). 자신에게 가장 적합한 장소를 찾는 게 중요

하다고 생각한다. 그러면 타잔처럼 고향으로 돌아오는 일은 하나의
선택지가 될 것이다.

관계성(유대)의 회복에
불가결한 것

'돈보다 시간'이라는 가치관

셰어리즘에서는 돈에 대한 생각이 완전히 다르다. 애초에 돈은 상대적으로 이야기해야 하는 것이다. 돈이 없는 사람이 돈을 얻는 일은 매우 가치가 크다. 반면 부자의 경우 돈을 쓰지 않도록 궁리하는 생활이 실은 풍요로운 시간을 낳는다.

코로나가 유행하기 시작한 2020년경부터 사람들의 가치관에 큰 변화가 일어났다. 바로 '시간 농도'라는 개념의 등장이다. 풍요롭고 농후한 시간, 높은 시간의 밀도야말로 삶에서 가장 중요하다는 가치관이 표출되기 시작했다. 시간의 풍요로움을 담보하는 것은 자연, 가까운 사람과의 접촉이나 관계다. 경제 시스템(가치 교환 시스템) 안에서 익명 자본인 돈을 쓰는 것은 모순을 야기한다. 돈은 문맥과 유대를 익명화하고 끊어버리기 때문이다. 돈은 풍요를 위해 쓰는 것이지만 쓰면 쓸수록 반대로 사람과 사람 사이의 거리가 멀어진다는 모순이 일어난다.

풍요는 시간의 밀도에 달렸다

헤이세이가 공간의 시대였다면 레이와는 분명 시간의 시대다. 헤이세이 시대의 비즈니스 목적은 거리라는 개념을 제로로 만드는 데 있었다. 주역은 인터넷이며 LCC, 신칸센 운용이 궁극적으로 진화한 것도 헤이세이 시대다.

그런데 헤이세이와 함께 시작되어 인터넷이 견인한, 거리와 상관 없는 커뮤니케이션은 코로나라는 충격에 의해 촉발된 완전 원격 업무로 최후의 일격을 당했다. 이제 오사카에서 거주하면서 도쿄의 회사에 취직해 정년까지 근무하는 일도 가능해졌다. 앞으로 사람들은 삶과 노동을 완전히 나누고, 전자는 보다 육체적으로(바람이나 파도를 느낀다), 후자는 보다 가상적으로(인터넷이나 디지털로 완결시킨다) 변화할 것이다.

인류는 거리를 극복했다. 코로나는 인류 공통의 적으로서 세계를 하나로 묶었으니 아이러니하다. 사람들의 마음의 거리도 좁혀지고 있다. 유감스럽지만 이것은 동시에 토지가 가지는 독자성이나 민족의 가치관·문화도 일원화시켜 갈 것이다. 거리를 극복한 인간의 관심은 자연스럽게 시간으로 향한다. 즉, 시간이라는 누구에게나 절대축이었

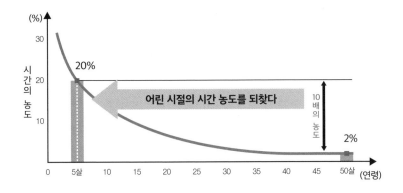

그림3-2 연령별 시간의 농도

20%

어린 시절의 시간 농도를 되찾다

10배의 농도

2%

19세기 프랑스 철학자 폴 자네는 평생 동안 시간의 심리적 길이가 연령에 반비례한다는 이론을 주장했다. 이 법칙을 기반으로 생각하면 5살의 1년은 50살의 1년보다 10배나 농도가 응축되어 있다.

던 것이 변형되어 뒤틀림, 신축성을 갖는다는 것이다.

조금은 이야기가 어렵게 느껴질 수도 있다. 하지만 예를 들어보겠다. '100세 시대'라는 말을 들은 지 오래지만 그러한 허구의 말을 믿는 사람은 없을 것이다. 인생의 농도(밀도)로 말하자면 50살까지가 80%, 나머지 100살까지는 기껏해야 20% 정도의 농도밖에 없다(위의 그림 3-2).

한번 상상해 봤으면 좋겠다. 10살 무렵의 기억은 그 모든 날들이 생생하고 선명하게 떠오르지만 40살 무렵의 기억은 그렇지 않다. 세 가지만 떠올리도 괜찮은 편이다. 뇌의 해마에 저장된 기억의 양으로

보아 그 정도인 것이다. 요컨대 인생은 나이가 아니라 그 밀도의 적분이다.

19세기 프랑스의 철학자 폴 자네는 "생애 어느 시기에 느끼는 시간의 심리적 길이는 나이에 반비례한다."라고 말했다. 그는 인생에는 시간의 길이뿐 아니라 밀도가 중요하며, 밀도야말로 풍요의 본성이라고 밝힌 것이다.

'의식'을 의식하는 것이 시간의 밀도를 높인다

부자는 의료를 통해 200살까지 살 수 있게 될지도 모른다. 하지만 그들에게 시간의 밀도는 어떨까? 높은 밀도가 직접 행복으로 이어진다고 할 수는 없지만 상관관계는 크다. 행복에서 중요한 점은 '일체성'이다. 기대와 실체의 일체성, 사람과 관계를 맺으며 함께 웃고 함께 슬퍼하는 일체화 속에 행복이 존재한다. 이것은 밀도가 짙은 시간에 가깝다고도 할 수 있다.

이불가게의 캐치프레이즈는 어느 시대에나 '인생의 3분의 1은 자고 있으니 침구에는 돈을 들여라'다. 하지만 이 문구가 수상쩍게 생각되는 이유는 무엇일까? 의식을 제어하지 못하는 잠자는 시간이 얼마나 길든 그만한 가치가 없음을 우리는 직관하고 있기 때문이다.

그렇다면 어떻게 해야 시간을 비틀어 짜내어 인생을 종횡무진하며 전부 맛볼 수 있을까? 그 열쇠는 '의식'에 있다. 우리는 '의식'을 의식해야 한다.

의식이라는 것은 고속으로 돌아다니는, 마치 제어가 되지 않아 날뛰는 말과 같은 존재다. 그 의식을 '멈추는 것'이 깨달음이며, 리트리트다. 혹은 타인에게 의식의 초점을 맞추어 상대의 마음을 민감하게 느끼는 일, 의식을 아득히 먼 상공에 올려 세계를 조감해 개념이나 이미지로 파악하는 사고력, 환경으로 의식을 향하게 해 바람이나 파도 또는 자연의 영위를 느끼는 일, 그 미세하고 대담한 의식의 사용법이 시간의 밀도를 높인다.

순간순간의 희비가 엇갈리는 온갖 경험들이 단단한 벽돌처럼 겹쳐져 중층적인 삶을 만들어낸다. 시간은 돈으로 만들어낼 수도 있다. 하지만 활발한 의식 그 자체는 돈으로 만들어내지 못한다.

누구와 만날 것인지 내리는 선택이 행복과 직결된다

이 시대에는 사람이 사람을 선택한다. 만나는 사람, 알고 지내는 사람, 직장 사람 등 모든 사람을 자기 마음대로 선택한다. 왜냐하면 그것이 시간의 밀도라는 행복과 직결되기 때문이다.

마음에 들지 않는 고객에게 영업하는 일도 하지 않는다. 설령 많은 돈을 받을 수 있더라도 사람들은 그보다 더 풍요로운 시간을 선택할 것이다. 판잣집 안에서 자신이 좋아하는 물건과 좋아하는 사람에게 둘러싸이는 생활을 택한다. 교실에 책상을 늘어놓는 바보 같은 일은 없어진다. 흥미(의식)의 방향성도 지각의 섬세함도 개인마다 전혀 다르다. 안타깝게 이혼도 늘어날 것이다. 하지만 만일 결혼 제도가 파탄이 나도 현명한 사람은 한 사람의 파트너와 장기적 관계가 지수함수적으로 시간 밀도(행복도)를 끌어올린다는 사실을 알고 있기에 착실히 관계를 키워나갈 것이다.

의식은 사람으로부터 받은 바통이며, 다음에 건네야 할 선물이다

시간이 왜곡된다면 옛 것과 새 것 중 무엇을 소중히 여길지도 달라진다. 일반적으로 아시아에서는 눈에 보이지 않는 오감 이상의 지각을 소중히 하고, 서구에서는 제대로 언어화하는 것을 좋은 것이라고 생각한다. 유럽은 보다 오래된 것을 소중히 하고 미국은 보다 새로운 것을 긍정적으로 평가하는 경향이 있다.

그러나 시간이 왜곡된다면 이들의 문화적 경향은 어떻게 변화될까? 그 과정을 상상하는 일은 매우 재미 있다. 어쨌든 시간의 시대는 눈에 잘 보이지 않는 것으로 가치가 넘어가기 때문에 흥미롭다. 여기에 자본이 개입하기 어렵기 때문에 더욱 그렇다.

이야기는 끝이 없지만 이제 슬슬 정리해 보자. 시간의 밀도는 행복으로 직결된다. 그리고 행복의 본질은 주관에 달려 있다. 따라서 사람들은 KPIKey Performance Indicator('중요 실적 평가 지표'라는 일컬어지는 중간 목표인 것)를 독자적으로 설정해서 KPI에 근거해 살아간다. 그것이 짧은 인생인지 긴 인생인지는 상관없다.

레이와 시대에 시간은 더 이상 사람들에게 일정하지도 평등하지도 않다. 시간은 개개인에게 '밀도'라는 점에 있어서 전혀 다른 것이 될 것이다.

국가보다
커뮤니티를 선택한다

가족을 이룬다는 사치

바로 앞에서 결혼 제도를 언급했지만 현대 사회의 최대 사치품은 차도 집도 아닌 '가정'이다. 2040년에는 가족의 평균 구성 인원수는 2.1명이 되어 빈 집의 비율은 25%가 된다. 즉, 집은 싸지고 가정은 비싸진다.

중국 속담에 '돈으로 집은 살 수 있지만 가정은 살 수 없다'라는 말이 있는데 아이러니하게도 이 말이 현실이 되고 있다(물론 속담의 뜻은 돈으로 사랑은 살 수 없다는 의미다).

앞으로는 싱글, 커플, 패밀리, 커뮤니티라는 네 가지 카테고리 중 어느 하나로 생활 양식이 카테고리화된다. '지금도 그렇지 않나?'라고 의문을 가질 수 있지만 의미가 전혀 다를 것이다. 싱글(1명)은 곧 고독층이고, 커플(2명)은 패밀리(3~5명)보다 못한 구성으로 볼 수 있을 것이다. 싱글이 커플이나 패밀리로 확장되는 일은 불가능하며 남은 길은 커뮤니티(5~15명)의 일원이 되는 방법뿐이다. 이 네 가지 카테고리가 25%씩 분포하는 모습이 앞으로의 세계다.

기숙사에서 셰어하우스로 진화한 공동 생활은 앞으로 '콘셉트 하우징'으로 보다 분화되어간다. 싱글맘 하우스, 아티스트 인 레지던스, 펜트하우스에 후원자가 거주하며 방음 설비와 콘서트장이 마련된 음악가 하우스, 보증금과 사례금이 없고 카드 결제로 임대료가 빠져나가는 인터내셔널 하우스, 셰어 오피스에 주택 기능이 있어 업무에 특화된 오피스 하우징, 원격 업무에 적합한 서재가 붙은 2LDK*, 들어가기 힘든 여고 출신들이 같이 살며 생활하는 동급생 코포러티브** 하우징 등을 예로 들 수 있다. 여기서는 30대 중반부터 계속 독신으로 지낸다는 것을 전제로 한다. 이처럼 커뮤니티 생활은 다양해진다.

생활의 행복도로 말하면 싱글은 침체, 커플 생활은 장기적으로는 정체, 패밀리는 관계가 성숙해져서 행복도 향상, 커뮤니티는 볼러틸리티***형(변동폭이 크다)이 될 것이다. 개인적으로나 사회적으로나 이러한 생활 양식에 대한 대비가 필요하다.

커뮤니티에 대해 말하자면 지금까지 지독히도 신용 사회나 관계(피아) 경제, 시간 통화나 기장주의에 대해 기술해왔지만 슬슬 모두

---

* 방이 2개에 Living Room, Dining, Kitchen이 있다는 의미로 일본 부동산의 표기 방식이다.
** 입주를 희망하는 여러 세대가 모여 건축가와 함께 공동으로 만드는 집합 주택을 말한다.
*** 시세의 예측 변동률을 가리키는 경제 용어.

커뮤니티를 선택하라고 그리고 관계를 설정하라고 독촉을 받게 된다. 그 선택지에 아마 국가는 없을 것이다(다음 페이지의 그림 3-3).

1,300조 엔(코로나로 100조 엔 더 추가)의 부채와 장황한 행정 시스템, 리더십 없는 입법부, 유착과 손타쿠忖度****로 신용을 잃어가는 사법부는 믿기 어렵다.

결국 일본은 도시 국가형으로, 각 지역이 5~7개로 나뉘어 자립·독립할 것이라고 생각한다. 일본 연방USJ(United states of Japan, 상세한 것은 222페이지의 칼럼에서 설명)으로 나아갈 것이다. 지역적으로 어느 하나에 속하지 않을 수 없으며, 결과적으로 인간의 행복도는 날씨도 종교도 빈부도 아니라 커뮤니티 집중도와 커뮤니티 내에서 영위하는 개인의 생활 방식에 대한 관용도를 곱셈한 것이 될 테다.

코로나로 많은 사람들이 삶의 방식을 바꿨다. '지금 하는 일이 괜찮은가?', '정말로 선택하고 싶었던 인생은 무엇인가?', '앞으로 일본에서 계속 살고 싶은가?'라고 말이다.

서장에서도 잠깐 언급했지만 일본의 기업 베네세의 조사에 따르면 80%의 부모는 자녀를 글로벌한 인재로 키우고 싶어한다. 침몰하는 배에서 도망치겠다는 속내일 것이다. 일본은 앞으로 어떻게 될지 모른다. 그래도 일본인은 남고 커뮤니티도 남는다.

지금 생각해야 할 것은 일본 사회와 정치 비판이 아니다. 그것들은 생각할 가치가 없는, 희미하게 망해가는 중간 개념에 지나지 않는다.

**** 윗사람의 지시 없이도 원하는 것을 알아서 헤아려 처리하는 행위로 일본 사회의 병폐로 지적되고 있다.

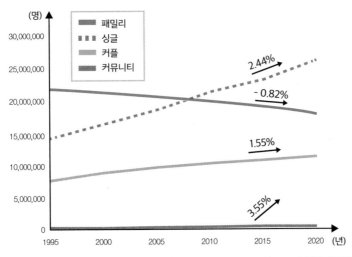

그림3-3 가구의 구조별 인구 추이

(명)

- 패밀리
- 싱글
- 커플
- 커뮤니티

30,000,000

25,000,000

2.44%

20,000,000

- 0.82%

15,000,000

1.55%

10,000,000

5,000,000

3.55%

0

1995   2000   2005   2010   2015   2020   (년)

※ 화살표는 모두 1995~2020년 CAGR(연평균 성장률)

싱글과 커뮤니티가 증가하고
패밀리와 커플이 침체·감소하고 있다

출처: 「국세 조사 데이터 세대(가구의 가족 유형, 일반 세대 인원)」.

통제할 수 없는 것을 생각할 시간은 없다. 우리가 지금 생각해야 할 것은 자신의 본성과 본질에 근거한 생활 방식을 용기 있게 선택하는 것이며, 자신이 참가해야 할 커뮤니티는 무엇인가 하는 것이다. 그 답의 중심에 가족이 위치한다. 가족이 있는 사람은 이미 새로운 시대의 승자다.

인연에서 연대로

유연성 있는 연결을 소중히 하자

'인연'은 인간관계를 경직시킨다. 실제로 지금까지의 일본 사회에서도 상급 국민, 하급 국민과 같은 격차, 범죄나 손타쿠와 같은 단절을 낳았다.

현재 일본에서는 다른 나라와의 갈등을 피하기 위해 지불하고 있는 돈이나 시간 등의 희생, 이른바 '손타쿠 비용'이 정치에서 50조, 경제에서 50조 등 합계 100조 엔에 이르는 것으로 보인다. 정치의 손타쿠 비용은 일률 지급*이나 친구 내각**, 판단 지연 등을 초래한다는

---

* 기업이 자체적으로 정하는 임의 수당에서 매월 조건에 관계없이 전 사원에게 지급되는 고정된 수당을 말한다.

** 내각 총리 대신이 자신과 가까운 의원을 다수 등용하여 조직한 내각을 비유하는 말이다.

사실을 모두 잘 알고 있다.

경제에 들어가는 손타쿠 비용은 대기업의 복합 사업체에서도 문제가 된다. 사실 경제 부가 가치를 전혀 내지 않아 오히려 50조 엔의 마이너스라는 것이다.

손타쿠 문화는 이제 끝내자. 일본에는 이미 기능하는 민주주의도 돈도 미래 산업도, 이를 지탱하는 선진적 교육 시스템 및 의료도 복지도 아무것도 없지만 아직 남아 있는 것이 있다. 법과 윤리다. 여기에 의지하자. 일도 사생활도, 제대로 사람과 사람이 마주하여 서로의 어긋난 가치 의식을 인지해 흐지부지하지 말고 그 교차점을 대화로 살펴봄과 동시에 법 시스템에 비추어 객관적으로 해결하자.

인연에 연연하는 일도 그만두자. 인연은 경직적인 연결, 유대란 유연성이 있는 연결이다. 그러니 유대를 소중히 해야 한다.

사람은 연결되고, 멀어지고, 또 새로운 연결을 만든다. 시간이 지나면서 같은 사람과 다시 연결되기도 한다. 이 모든 것이 자연스러운 일이다. 그러므로 뜻밖의 만남을 소중히 여기고, 무기질적인 인간관계를 정산하고, 품위와 예절로 상대를 이해하려고 노력하며, 적절히 대화하고, 때로는 대립하고, 규칙에 맞추어 싸움을 하자. 정의는 사람의 수만큼 있다. 올바름이란 편견이다. 그래서 좋은 것도 나쁜 것도 존재하지 않는다.

뉴노멀이란 리얼 공간에서의 응석과 애매함으로부터 디지털화와 원격 커뮤니케이션 속에서 진정한 인간끼리 이루어지는 커뮤니케이션 형태로 진화하는 것이다.

코로나 충격으로 드러난 '같이 있고 싶은 사람의 가치'

물론 '앞으로도 원격으로 관계를 맺는 게 괜찮지 않을까?'라고 생각된다면 조직 내 50%의 사람(아무것도 하지 않는 사람 혹은 타인에게 피해를 주는 사람, 쓸데없는 보고서를 내라고 하는 사람)은 향후 상당히 괴로운 입장에 몰린다. 원격으로 맺는 관계는 생산성이 올라가지만 앞으로 돈이 되기 어렵다.

영업의 최종 형태는 사람과 사람이 악수하는 순간에 생긴다. 트레이딩이나 투기처럼 이기고 지는 win-lose의 게임이라면 좋겠지만 가치를 창조하는 순간은 어느 시대나 역시 아날로그다. 돈이 빙빙 돈다고 해서 사람들이 행복해지는 건 아니다.

원격 회의에서 전해지는 것은 컨텐츠(내용)와 컨텍스트(문맥)뿐이다. 줌Zoom은 노이즈 캔슬링뿐 아니라 자막과 번역 기능도 바로 구현되어 점점 편리해진다. 하지만 영감이나 열량은 전해지지 않는다. 영감이나 열량은 현실에서만 전해지는 것이다. 디지털 업무의 가장 무서운 점은 일을 한 기분이 든다는 점인데 이러한 기분은 실질적인 행복으로 직결되지 않는다.

원격 업무가 중심이 되면 직원들은 가족과 보내는 시간이 늘고 화장을 하거나 복장에 신경 쓰지 않아도 되어서 기쁘다. 사실 출근하는 데 드는 시간이나 교통비뿐 아니라 더 막대한 비용이 들었다는 것을 깨닫고 지출을 삭감하게 된다. 회사 측도 사무실의 쓸데없는 월세를 줄이려 하기 때문에 초도심의 임대료 가격은 엔저나 아시아의 부유층 버블이 꺼지면 중기적으로는 떨어진다.

이러한 코로나 충격을 중립적으로 파악했을 때 좋았던 면도 많다. 일본 전국에 200만 명 이상 있는 것으로 알려진 히키코모리들은 건강해지고 있다. 많은 사람이 집에 있다 보니 평소 히키코모리만 안고 있던 죄책감이 줄어들었기 때문이다. 이러한 의미에서 코로나는 패러다임의 이동을 간파하고 삶의 방식을 재고하는 기회가 되어주었다.

반복해서 말하지만 헤이세이 시대에서 레이와 시대로 이동하는 데 두드러지는 논점은 공간(거리)에서 시간으로 옮겨간다는 점이다. 헤이세이 시대는 철저히 거리의 개념을 없애는 행위가 비즈니스(인터넷이나 LCC)였지만 그에 일격을 가한 것이 코로나 쇼크다. 세계에서 완전히 거리감이 사라졌다.

앞으로는 시간이 논점이 된다. 세계는 동시다발적으로 전개된다. 사건, 테러, 산업 그리고 이번과 같은 팬데믹도 말이다. 신흥 기업은 태어날 때부터 다국적이다. 공간(헤이세이), 시간(레이와)이 극복되면 그다음 시대, 드디어 빛에 초점을 맞출 수 있게 된다.

물론 핵심 산업도 바뀐다. 의료·교육 서비스의 원격화는 당연시되고, 최대의 임팩트는 '피어 경제'의 대두다. 이는 원격 효율화와 정반대의 발상이다. 피어란 옆에 있는 것이다. 같은 공간을 공유하는 일의 효과를 '피어 효과' 혹은 '피어 프레셔'라고 부른다. 인간은 환경의 노예라고 하지만 중·고등학교의 일관된 시스템에서 도쿄대학교에 가는 이유는 그러한 분위기에서 6년간 교육을 받기 때문이다. 개인의 힘이 아니다. 공간의 힘이다.

다시 말해, 이 코로나 충격의 가장 큰 임팩트는 '정말 함께하고 싶은 사람의 가치'가 드러나는 것에 있다. 앞으로 일(사생활도)은 상대방과 전화로, 줌(원격 텔레비전)으로 하지만 '이 사람과는 함께 있고 싶다'라는 임재 가치(피어 밸류)가 명확해지고 그렇게 선택된 사람의 가격은 오른다.

말, 냄새, 촉감 같은 오감뿐 아니라, 그 사람이 내뿜는 분위기, 에너지 등 언어화는 못해도 지각할 수 있는 모든 것이 가치화되고, 값이 매겨지고, 유통될 것이다. '같이 있고 싶은 사람과 있는 것'이 인간 욕구의 중심이 되고, 이것이 다시 경제 활동의 중심이 될 것이다.

피어 비즈니스야말로 21세기의 주인공이다. 피어 밸류는 doing(하는 일)이 아니라 being(있는 것)에서 나온다. 그러므로 'being value'가 높은 사람을 목표로 하자. 함께 있어 편안한 사람, 기분 좋은 사람, 아름다운 사람, 맑은 사람, 영감을 주는 사람, 많은 경험을 쌓은 덕이 있는 사람이 되어야 한다.

일본에서 늘어나는 고독이라는 과제

코로나 이전부터 일본의 사회 문제로 고독이 심각해지고 있었다. 인구가 감소하는 가운데서도 사회적 유대를 강화해 고독과 고립을 해소하는 일이 요구되었던 것이다.

예전에는 핵가족 4명이 함께 사는 일이 일반적이었지만 193페이지에서도 소개했듯이 2040년에는 가족의 평균 구성 인원이 2.1명이 될 것이라는 예측이 있다. 1인 가구가 증가 추세에 있는 것이다. 가구 구성원 수가 감소하고 지역의 연결고리가 약화되는 가운데 고독을 느

그림3-4 일본의 고독 과제

OECD 국가와 비교해 일본은 외로움을 느끼고 있는 비율이 높다. 고독이라는 과제가 사회
구조상의 교류 적음, 가구 인원수의 감소, 소속에 대한 욕구 증가 등을 근거로 하면, 고독
은 일본에서 앞으로 임해야 할/주목해야 할 큰 과제다.

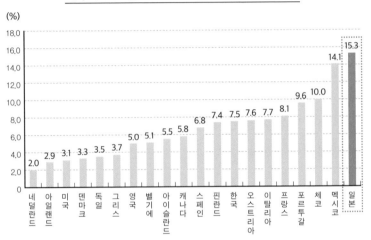

'가족 이외의 사람'과 교류가 없는 사람의 비율(국제 비교)

친구, 직장 동료, 기타 사회 단체 사람들(협회, 스포츠 클럽, 문화 클럽)과의 교류가 "전혀 없다." 또
는 "거의 없다."라고 답한 사람의 비율(합계).

출처: OECD, Society at Glance: 2005 edition, 2005, p8.

끼는 사람들이 늘고 있어, 그에 따라 치러야 하는 사회적 비용이 문제
가 되고 있다.

위의 그림 3-4는 가족 이외의 사람과 교류가 없는 사람의 비율을

나타낸 것으로, 일본은 OECD 국가 중에서도 고독을 느끼는 사람의 비율이 특히 높다. 영국에서 조사된 고독의 사회적 비용을 일본 인구에 할당해 계산하면 약 24조 엔의 비용이 된다(다음 페이지의 그림 3-5). 영국에서는 '고독 담당 장관'이 임명되면서 고독에 대한 정책이 활발하게 논의되고 있다.

'원 패밀리'라는 구상

가족이 아이를 키우는 게 아니라 지역과 커뮤니티에서 아이를 키우는 게 정답이며, 빨리 그러한 문화가 정착되는 것이 좋다. '내 아이'라는 개념을 계속 갖는 데는 한계가 있다. 아이는 커뮤니티에서 키워야 한다.

이 나라가 쓰는 비용의 대부분은 사회 보장비다. 그 비용을 치르며 해결해야 하는 핵심 과제는 고독과 고립 해소다. 제비뽑기로 멘토나 마스터를 정하고, 학교에서 반을 배정하는 것처럼 매년 바뀌는 시스템을 도입해서라도 서로를 돌보고, 보살핌을 받는 연결고리를 만들어야 한다.

그림3-5 외로움과 고립의 사회적 비용

영국에서는 '연결이 없는 커뮤니티'의 사회 보장 비용이 연간 4.2조 엔, GDP는 1.6조 엔이 될 것이라고 예측된다. 일본에서의 '연결이 없는 커뮤니티'의 사회적 비용은 인구비, 가족 이외의 사람과의 교류가 없는 사람의 비율4 로 산출하면 연간 24.26조 엔, GDP는 9.11조 엔으로 추측된다. 이러한 비용 절감을 위해 행정, 지자체도 대처를 본격화할 가능성 크다.

일본의 '연결 없는 커뮤니티'의 사회적 비용

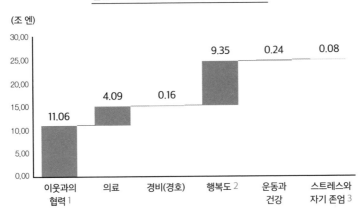

(조 엔)

1. 물자의 나눔이나 도움의 부족에 의해 발생하는 비용.
2. 행복에 의한 생산성 향상을 손실한 비용. 행복은 생산성의 12% 상승으로 이어질 것으로 추측된다.
   Clark, A. E., & Oswald, A. J. (2002). A simple statistical method for measuring how life events affect happiness. International Journal of Epidemiology, 31(6), 1139-1144.
3. 스트레스와 자기 존엄의 상실로 인해 저하된 생산성 비용.
4. OECD, Society at Glance: 2005 edition, 2005, p8 '가족 이외의 사람'과 교류가 없는 사람의 비율(국제 비교)에 의한 영국과 일본의 수치를 비교하고, 2020년 영국과 일본의 인구비를 감안하여 산출했다.

출처: 「The cost of disconnected communities(2017, Report for The Big Lunch)」를 기반으로 인구비, 가족과의 교류가 없는 인구비를 바탕으로 블루마린 파트너스가 독자적으로 작성.

신용을 기반으로 한 경제로의 변화

연결과 이야기에 의해 가치가 결정되는 세계

셰어리즘에서 지역의 경제 시스템은 캐피탈리즘의 다이나미즘*과는 근본부터 다르다. 셰어리즘에서의 경제란 얼굴이 보이는 부드러운 경제다.

화폐 문제의 본질은 문맥 단절에 있다. 그 때문에 '얼굴이 보이고(=고유명사를 알 수 있는 것)', '부드러운(=문맥이 있는)' 경제를 만들기 위해서는 화폐를 사용하지 않는 경제를 창조해야 한다. 여기서 나오는 것이 기장記帳 경제 또는 시간 경제, 신용 경제다.

---

*   자연 현상의 근원을 힘이라고 생각하며, 모든 것의 원리가 힘이라고 생각하는 이론.

그림3-6 돈보다 시간이라는 가치관

사람의 시간을 사용하는 것이 경제에 있어서 재물의 주류가 되는(시간주의 경제)로부터, 돈뿐 아니라 사람의 행동(give&take)을 직접, 분산 대장(블록체인)에 새기게 된다(기장주의 경제). 개인의 신용을 평가하여 각각의 즐길 수 있는 것이 가변하는 경제로 연결된다(신용주의 경제).

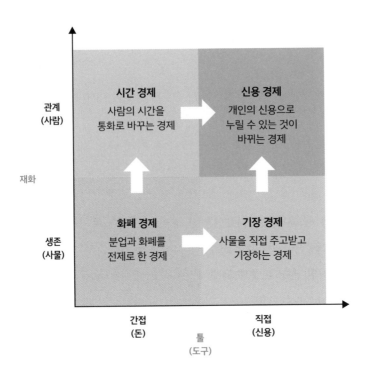

경제 시스템에서 교환되는 재화와 그 수단이 변하고 있다. 생존을 위해 물건을 돈으로 간접적으로 주고받던 시대에서 물건을 직접 주고받아 기록하는 '기장 경제'로, 자신의 시간을 단위로 해서 지역 내에서 물건이나 서비스를 주고받아 통화로 바꾸는 방법인 '시간 통화'까지 변화하고 있다(왼쪽의 그림 3-6).

실제로 유럽에서는 시간 통화가 사용되기 시작했으며 분산형 대장*에 사람의 행동을 새기는 기장 경제도 일부 적용되고 있다. 셰어리즘 세계에서는 물밑에서 이미 신용 사회가 확산되는 중이다.

지역에서는 얼마나 돈이 있든, 시간이 없든 상관없다. 죽순철에는 대나무 덤불에 들어가 죽순을 캐고 떫은 맛을 빼 이웃에게 나눠주어야 한다. 돈으로 살 수 없는 신용 사회가 셰어리즘의 본질이다. 앞으로의 경제 시스템은 시간 통화와 기장 경제를 기반으로 신용을 평가하고 개개인이 누릴 수 있는 것이 바뀌어가는 경제가 침투하게 될 것이다.

셰어리즘에서 재화가 물건에서 사항으로 변화하는 것은 수요와 공급으로 결정되는 가치가 아니라 '연결'과 '이야기'로 결정되는 가치로 변해간다(다음 페이지의 그림 3-7). 연결이란 재화와 관련된 인간 간의 관계며, 이야기란 시간의 연속성에 의해 축적되는 가치다.

---

*   지리적으로 다른 다수의 장소, 나라 등에 걸쳐 복제되고 공유되고 동기화되도록 합의된 디지털 데이터.

그림3-7 공유 리듬의 가치 변화

연결이란 재화에 관계하는 인간 간의 관계며, 이야기란 시간의 연속성에 의해 축적되는 가치를 말한다. 즉, 문맥 가치는 시간의 연속성과 타인의 일체성의 복합체다.

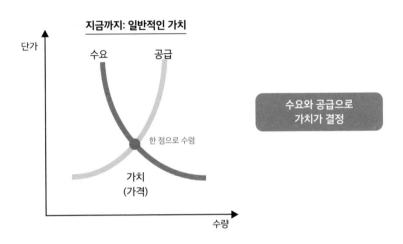

지금까지: 일반적인 가치

단가

수요 공급

한 점으로 수렴

가치
(가격)

수량

**수요와 공급으로
가치가 결정**

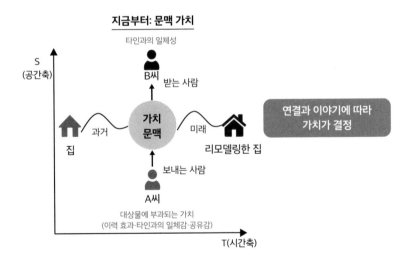

지금부터: 문맥 가치

타인과의 일체성

S
(공간축)

B씨 받는 사람

가치
문맥

집 과거 미래 리모델링한 집

보내는 사람

A씨

대상물에 부과되는 가치
(이력 효과·타인과의 일체감·공유감)

T(시간축)

**연결과 이야기에 따라
가치가 결정**

외화를 획득하고 새로운 경제권을 만드는 네 가지 접근법

앞서 셰어리즘 세계에서는 연결과 이야기로 결정되는 가치로 변할 것이라고 언급했다. 과거에 연결하거나 이야기로 쌓은 자산을 소모하는 일 없이 이것들을 이용해 한층 더 (자신의) 가치를 높이려면 어떻게 해야 할까? 그 방법 중 하나가 외화를 획득해 새로운 경제권을 만드는 방법이다.

구체적으로는 어떤 방법일까? 그것을 정리한 것이 다음 페이지의 그림 3-8에 있는 네 가지 방법이다. 이러한 방법들은 공통적으로 모두 지역을 부드럽게 연결한다. 관계나 이야기를 강화하고 비용을 삭감해 생산성을 높인다. 하나하나 설명해가겠다.

시간 통화

시간 통화는 모든 사람에게 시간은 평등하며 문맥과 연결을 보전하는 것으로 지역 경제에 적합하다는 생각을 내포하고 있다. 지역 내에서 청소나 장보기 등의 불편한 사항을 해소하거나 전문 지식을 제공하고 시간 화폐를 받아서 다른 사람이 제공하는 서비스를 받을 때 활용할 수 있다. 이 구조가 부분적으로 구현되고 있는 예가 있다.

세계에서 이미 운용되고 있는 시간을 사용한 사례로 스페인에서 시행 중인 '시간은행'을 예로 들겠다. 우선 같은 지역이나 학교 등 가까운 곳에 있는 사람끼리 '00시간은행'이라는 그룹을 만든다. 그 안에서 운영 관리 담당자를 몇 명 정하고 그들을 통해서 시간은행에 자신이 타인에게 제공할 수 있는 서비스, 예를 들면 영어 회화나 PC 수리,

그림 3-8 부드러운 경제를 만드는 방법

① 시간 통화	▶	시간을 단위로 지역 내에서 물건과 서비스를 교환한다.
② 시간 연금	▶	젊을 때 했던 자원봉사 시간만큼 간호를 받는다.
③ 기장 경제	▶	교환 기록만 행하고 가능한 정산하지 않는다.
④ 지역 통화	▶	지가 등의 실적적 가치에 연동한 지역 통화에 의해 교환한다.

위는 지역에서 과거에 쌓아온 연결과 이야기라는 자산을 소모하지 않고 외화를 획득하는 새로운 경제권을 만들기 위한 네 가지 방법이다. 모두 지역을 부드럽게 연결하여 관계와 이야기를 강화하고, 비용을 절감하며 생산성을 높인다는 특징이 있다.

쇼핑 대행 등을 등록해, 필요할 때 서비스를 부탁하거나 부탁받는 것이다(오른쪽의 그림 3-9).

그때 서비스를 의뢰한 사람은 걸린 시간을 제공자에게 지불하고, 제공자는 그것을 시간 예금으로 두고 자신이 서비스를 부탁할 때 이용한다. 멤버 간에 무언가를 부탁할 때 '부탁만 해서 죄송하다'라고 생각할 필요가 없다. 시간으로 갚거나 머지않아 자신이 의뢰에 응하는 것으로 '서로 돕는 관계'가 되기 때문이다.

원래 자원을 가둘 수 있는 명확한 언어는 '숫자'나 '개인' 2개뿐이

그림3-9 시간 통화·관계 경제 시스템: 시간 통화의 사용 이미지

시간은 모든 사람에게 평등하며 문맥과 연결을 보전하기 때문에 지역 경제에 시간 통화 제도를 도입하는 게 적합하다고 생각한다. 지역 내에서 청소나 쇼핑 대행 등의 곤란을 해소하고, 전문 지식을 제공하는 등의 서비스를 제공하면 시간 통화를 받고 다른 사람이 제공하는 서비스를 받을 때 시간 통화를 사용할 수 있다.

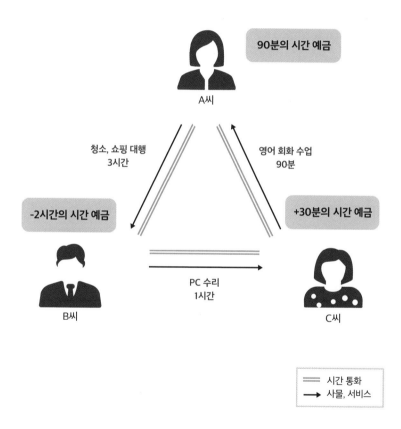

다. 돈의 본질은 숫자다. 숫자라는 가장 명확한 막 안쪽에 신용과 가치를 가둘 수 있다. 그리고 이것을 사용해서 생활을 한다. 개인은 영어로 'individual'이라고 하는데, 이는 원래 '더 이상 나눌 수 없다'라는 뜻이다. 즉, 나누기 어려운 최소 단위라는 막 안쪽에 신용과 가치를 가둘 수 있다(오른쪽의 그림 3-10).

오랜 세월 스페인에서 시간은행을 추진한 훌리오 기스버트Julio Gisbert에 의하면 세계에서 최초로 시간은행과 같은 대처를 실시한 사람은 일본인이라고 한다(주간 이코노미스트 온라인). 그 단서는 1973년 오사카에서 미즈시마 데루코가 '자원봉사 일손 은행(현 자원봉사 일손 네트워크)'을 만들어 여성들이 일이나 육아로 바쁜 시기 혹은 간호가 필요할 때 등 시간을 단위로 서로 돕는 네트워크를 구축한 것에서 시작된다.

그리고 1980년대에 들어서자 미국에서 에드가 칸 박사가 '타임 달러(후의 타임뱅크)'를 제안해 1995년에 '타임뱅크USA'를 설립하였다. 미국의 공공 서비스 지출이 삭감되는 가운데, 돈의 유무에 관계없이 여러 사람이 서로를 지원해줌으로써 누구나 안심하고 살 수 있는 커뮤니티를 만들고자 한 것이다.

이러한 움직임은 각 지역이나 당사자의 요구에 맞추어 형태를 바꾸며 세계로 퍼져나갔다. 미국과 비슷한 사회적 상황에 있던 영국에서도 1998년 시간은행 1호점이 탄생했다. 현재 영국 전역에는 약 280개의 시간은행이 있다.

국가와 세대를 초월해 비어 있는 시간으로 지역에서 공헌 활동을 하는 것이 포인트로 적립된다. 자원봉사, 밭일하기, 눈 쓰는 일, 간병,

그림3-10 자원을 집계하는 방법은 두 가지 뿐이다

세로 사회의 언어
'엔'(돈)

숫자
123456789...

마찰 없음

가로 사회의 언어
'인연'

개인
individual
없다 ┐┌ 더 이상 분할할 수

컨텍스트,
가치를 전할 수 있다

교통 정리 등 인센티브를 수반하는 시간 사용법이 앞으로는 사회적으로 주류가 될 것이다.

시간 연금

다음으로 소개하는 시간 연금이 구축하고자 하는 것은 젊은 시기에 한 자원봉사 시간만큼 향후 간병을 받을 수 있는 구조. 예를 들어, 고등학생 때 10시간의 간병 자원봉사를 한 경우 노후에 자신의 간병이 필요하게 되었을 때 동등한 시간 간병을 받을 수 있다. 이는 아직 실현되지는 않았지만 앞선 사례의 시간 통화가 지속된다면 충분히 실현 가능하다.

시간 연금 제도 내에서는 자원봉사를 하는 것으로 막대한 사회 보장비를 삭감하며 돌봄을 받을 수 있다(오른쪽의 그림 3-11). 또 자원봉사자로부터 돌봄을 받을 때까지의 기간이 수십 년이기에 이 기간 동안 기술 혁신이 진행되어 시간당 받을 수 있는 간병 서비스의 양이 향상된다. 이에 따라 시간에 이자가 붙는 것이다.

젊었을 때 한 공헌(간호) 등이 포인트로 연금청(현 일본연금기구)에 기록되고 미래의 자신이 필요한 의료와 간병을 받을 때 포인트에 따라 서비스를 받을 수 있다. 자신이 서비스를 제공한 시기와 서비스를 받는 사이에 혁신이 일어나 시간당 할 수 있는 일이 증가하기 때문에 이것이 '이자'가 된다. 그야말로 시간을 활용한 서비스다. 돈이 없는 젊은이도 포인트를 적립할 수 있다.

한편 시간 연금의 보관 기간이 장기화될 경우 1시간당 가치를 어떻게 환산할 것인가, 인구가 감소하고 고령자가 증가하는 미래에 간호를 받을 수 있는가 하는 점은 여전히 과제로 남는다.

기장 경제

기장 경제란 '외상'을 말한다. 지역에서 생활하는 사람들은 연대감을 높이고 지역 내에서의 소비 비율을 높이기 위해 주고받기를 기록하기만 하며 가급적 정산하지 않는다(다음 페이지의 그림 3-12).

기장 경제를 추진하는 방법으로는 연금 등에서 공제하는 형식을

그림 3-11 시간 연금 · 관계 경제 시스템: 시간 통화 사용 이미지

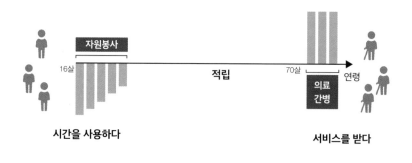

시간 연금은 청년기에 실시한 지역의 자원봉사 시간에 따라 간병 서비스를 받을 수 있는 시간이 정해지는 구조. 자원봉사자로부터 간병을 받기까지의 기간이 수십 년 있기 때문에, 이 기간 동안 기술 혁신이 진행되어 시간당 받는 서비스의 양이 향상된다. 즉, 시간에 이자를 부여되는 것이다.

자원봉사

16살   적립   70살   연령

의료 간병

시간을 사용하다   서비스를 받다

청년기에 실시한 자원봉사 시간에 따라
받는 간병 서비스가 정해진다

출처: 블루마린 파트너스가 독자적으로 작성.

이용하는 것이 효과적이다. 이러한 운용으로 서로의 신용이 추적되어 거래의 낭비가 없어진다. 지역 상점에서의 쇼핑이나 자원봉사 등에 대해 포인트를 부여하거나 일부를 환원하는 움직임으로 지역 내 자본의 소비를 촉진한다. 또 상호 부조를 촉진해 지역의 사회 복지 예산을 아낄 수도 있다.

기장 경제를 도입한 경우 예정대로 지급되는지 의문을 가질 수 있지만 이 점은 지역 내에서 작동하는 상호 감시를 잘 활용할 수 있을 것이다. 또 연금이나 급여에서 공제되어 자동으로 지불하는 구조를 도입하면 미지급 리스크를 낮출 수 있다.

미크로네시아의 야프섬에는 페이(돌로 만든 통화石貨)에 관한 유명한 일화가 있다. 원래 돈의 기원은 태평양의 작은 섬인 이 야프섬의 기장에서 비롯되었다는 설이 있다. 거대한 돌은 움직이기가 힘들어서 화폐의 역할을 할 수 없다. 하지만 '해삼과 야자 열매를 교환했다' 등 항상 기장 즉, 기록을 하면 정산할 때만 이 페이의 주인을 바꿔 기장하면 되는 것이다.

지역 사회에 화폐 경제는 맞지 않는다. 외상이면 된다. 그것도 자동으로, 얼굴 인증으로 할 수 있게 된다. 이것을 연금에서 인출해도 좋고, 죽을 때 정산해도 좋다. 날마다 돈을 사용하는 거래는 인간관계를 단절시키고, 주고받는 행위와 기억은 숫자에 의해 표백되어버리기 때문이다.

지역 통화

지역 통화란 지역 안에서 사용할 수 있는 통화를 말한다. 기대 효과로는 지역 외 자본 획득과 지역 내 순환량 유지가 있다. 지역 통화를 도입한 곳은 많다. 2000년대부터 리먼 쇼크 등으로 인한 법정 통화의 가치 동요에 반하듯 지역 통화 붐이 일어났지만 활용되지 않고 단기간에 소멸된 과거가 있을 뿐이다.

'2020년판 지역 통화 사용 조사 결과에 대해(속보판)'에 따르면

그림3-12 기장 경제: 사물을 직접 교환한다

커뮤니티 내에서 결속을 높이려면 '외상 지불'이 유효하다. 블록체인을 이용한 분산 대장을 베이스로 해서 기록을 한다.

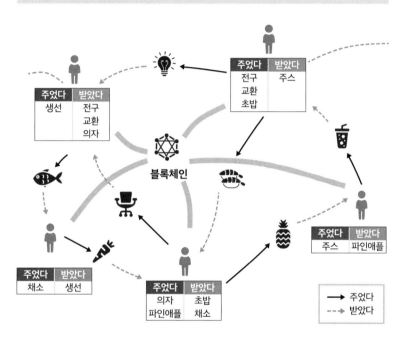

출처: 블루마린 파트너스가 독자적으로 작성.

2020년 12월까지 184개의 지역 통화가 일본에서 발행되었으며 2001년부터 2005년까지 매년 50개 안팎의 지역 통화가 개시되었다. 하지만 2005년을 정점으로 지역 통화 붐은 끝났다. 이후 지역에서 사용하는 통화의 수는 조금씩 줄고 있어, 개시된 지 3~4년 이내에 절반 미만

이 활동을 중지하고 있다.

또 최근에는 블록체인 구조를 이용해 스마트폰으로 주고 받는 통화가 출현했다. 지역 통화의 과제는 크게 두 가지로 나눌 수 있는데, 첫 번째가 법정 통화를 넘는 인센티브의 설계, 두 번째가 운영 유지비의 고안이다.

첫 번째 과제에 대해 살펴보자. 현재 일본의 법정 통화인 '엔'은 일본 전역 대부분의 가게에서 사용할 수 있다. 지역 화폐는 특정 지역의 가맹점에서만 이용 가능한 통화기 때문에 편리성이라는 관점에서는 아무래도 법정 통화에 비해 효용성이 떨어진다. 이를 해소하기 위해 포인트 환원이나 QR코드 결제를 통한 간편 결제화 등 다양한 방법이 도입되고 있지만 가설 검증을 통해 효용성을 높이는 방향으로 설계를 다듬을 수밖에 없다고 생각한다.

두 번째 과제인 운영 유지비에 대해 설명해 보겠다. 법정 통화 제도에 따라 발행과 관리는 일본은행이 담당하지만 운용에는 기장, 신고, 환금 등 우리가 비용으로 인식하지 않는 형태로 국민 전체가 갹출하고 있다. 한편 지역 통화는 환금이나 장부 등을 새롭게 주민에게 의뢰할 필요가 있으며, 또 운영 단체에서는 발행과 관리에 드는 비용을 들여야 한다. 코로나 때는 긴급 경제 지원으로 지역 화폐 포인트를 부여하는 형태로 확산되었다.

예를 들어, 가가와현의 고토히라초에서는 코로나 긴급 경제 대책으로 지원 사업 실시 요강을 발표했다. 지역 내에 보급하는 전자 지역 통화인 코토카KOTOCA를 지원 대상자 1명당 5,000코토카씩 배포했다. 앱에 자동으로 부여하는 형태로, 신청하지 않아도 받을 수 있어 전자 지역 화폐의 강점을 살렸으며, 유효 기간을 두어 지역 내 경제 순환을 의도했다는 점이 주목할 만하다. 그럼에도 지속적인 운영 체제에 대해서는 논란의 여지가 있다.

요즘 지역 통화는 행정처에서 긴급 경제 지원 예산 중 지역 통화의 발행·관리 비용을 따로 할애하여 마련하고 있지만 지속되기는 어렵다고 생각한다.

위의 두 과제를 해결하는 방법으로 생각할 수 있는 것이 QR코드와 땅값에 연동한 법정 통화의 교환 가격을 결정하는 구조, 그리고 버스나 전철 할인 등의 제공으로 도매 효과를 노리고 여기에서 운영비를 조달하는 형식이다. 땅값에 연동해 법정 통화의 교환 가격을 결정하는 시스템을 도입하면 통화를 사용할수록 지역이 윤택해지고 지역 가치가 올라 땅값이 오르는 사이클이 생긴다. '법정 통화에서 지역 통화로 바꾸는 것만으로 지역이 좋아진다'라는 인식을 통해 지역 통화를 활용하는 인센티브를 설계하는 것이다.

덧붙여 취급하는 서비스 내용으로 성공 가능성이 높은 것은 고정비 비즈니스의 요소가 큰 기업이 발행하는 비일상적인 물건·서비스다(다음 페이지의 그림 3-13의 ③). '도매 효과' 수법이란 각종 항공사가 발행하는 마일리지 구조로 활용되고 있다. 비행기는 1회당 비행에 항공사가 부담하는 비용이 크지만 승객이 100명이든 200명이든 지출해야 하는 비용에는 크게 변화가 없다. 또한 소비자의 가치 인지는 비일상성이 높고, 브랜드 가치가 있어서 소비자 측이 지불하는 단가가 원가에 좌우되지 않고 높게 설정될 수 있다.

이처럼 한계 비용(이용자 1인당 추가적 비용)이 작고, 비일상적인 물

그림3-13 지역 통화: 발행하는 기업과 소비자의 관계

취급하는 서비스 내용을 살펴보면 성공 가능성이 높은 것은 고정비 비즈니스의 요소가 큰
기업이 발행하는 비일상적인 사물 서비스다.

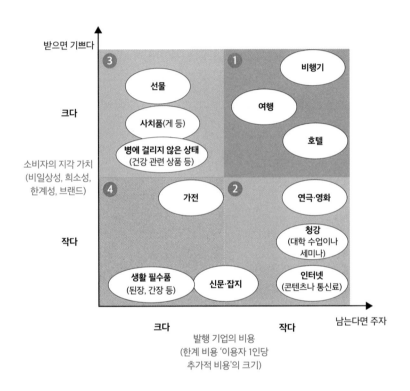

출처: 블루마린 파트너스가 독자적으로 작성.

건이나 서비스를 지역 통화의 발행 단체가 미리 구입한 후 이용자를 늘려 해당 서비스나 물건의 이용을 독려하면 그 차액을 이익으로 바꿀 수 있다. 지역 통화를 발행할 때는 알고리즘 설계나 어플리케이션보다 그 지역에서 독자적인 화폐로 사용할 수 있는 서비스나 물건을 마련하고, 핵심 서비스나 물건에서 이익이 나도록 설계하는 게 중요하다.

지금까지 사례를 들어가며 지역 통화의 잠재력에 대해 설명했다. 그럼에도 여전히 과제로 남는 것은 그 신용의 토대를 무엇으로 할 것인가다. 통화 발행에는 반드시 신용(가치)의 토대가 필요하다. 통화가 가치 교환의 매개체로 유통되기 시작하면 그 교환 가치 자체가 신용 토대가 되지만 발행 시점에서는 토지를 매입하고 우선 그 땅값을 지역 화폐를 발행하는 단체 신용으로 삼는 것이 좋다.

USJ를
구상한다

일본 인구가 6,000만 명이 된 미래를 전제로 한다면 일본 전체를 단편적으로 파악하는 것은 불가능하다. 인구는 집중된다. 그렇게 되면 일본은 도시 국가USJ(United States of Japan)로 향하게 될 것이다.

도시(마켓)는 인공적으로 만들 수 없다. 국가가 선도한 뉴 타운은 어느새 고스트 타운이 되고 있다. 설령 도요타라고 할지라도 길거리는 시스템적으로 만들 수 없다. 도시란 어디까지나 자연 발생적으로 시장 즉, 사람과 사람이 교역하는 교차점에서 발생한다. 이익이 없는 곳에는 사람이 없다.

앞으로 일본의 각 지역은 어디든 자주적으로 세계적인 도시 국가를 지향해야 한다. 그것이 제일, 아니 유일무이한 일본의 논점이다. 일본의 중앙 정부는 힘이 약해지는 와중에 지방 분권이 진행되면서 일본 전체에서 통합적으로 브랜딩하는 것이 아니라 지리적 특성에 맞추어 각각이 독자적인 제도, 산업, 거리를 가지는 지역으로 진화하는 편이 좋다고 생각한다.

예를 들면 홋카이도는 아시아 상인들의 휴양지가 되어 갈 것이다. 도호쿠 지역은 아시아의 '북유럽'으로서 후한 복지나 교육 제도가 잘 정비된 지역이 된다. 온난화가 진행되면 사람들은 북쪽으로 모일 가능성이 높다. 호쿠리쿠 지역은 정밀 기계 공업, 어업, 전통 공예의 중심지가 된다. 간토 지방은 도쿄를 중심으로 해서 싱가포르나 뉴욕과 비슷한 국제 도시가 될 테다. 긴키 지방은 유서 깊은 교토를 중심으로 관광국이 되고, 주고쿠와 시코쿠의 세토 내해 지역은 지중해처럼 지역마다 특산품을 가진 휴양지가 될 것이다. 규슈에서는 한국, 중국과의 무역이 점점 활발해질 것이다. 오키나와는 일본의 섬나라 문화를 짙게 간직한 마지막 낙원으로 아시아권 사람들의 휴양지가 된다.

이를 듣고 자신이 직감적으로 끌리는 영역에 초점을 맞춰 풍요로움을 느끼는 지역을 찾는 것부터 시작해도 좋을 것이다.

THREE WORLDS

종장

3개의 세계 앞에서
의식의 차원을
바라본다

지금까지

캐피탈리즘, 버추얼리즘, 셰어리즘으로 이루어진

'3개의 세계'를 각각 해설했다.

3개 세계의 이후에는 무엇이 있을까?

이 책이 사정거리로 삼는 2100년의 세계를 조망하면

자본주의 vs 공산주의의 패러다임은 종언을 맞이하고

신체주의 vs 의식주의의

새로운 대립이 생겨날 것이다.

새로운 대립:
신체주의 vs 의식주의

자본주의 vs 공산주의 다음으로 일어날 대립

인류는 대립 없이 앞으로 나아갈 수 없다. 이는 역사가 말해준다. 대립과 충돌 뒤 다음의 패러다임이 일어나면서 인류는 변화해왔다. 자본주의와 공산주의의 대립은 국가와 국가의 대립이 아니라 지상으로부터의 거리, 층위의 차이로 모습을 바꾸었다. 즉, 지표부터 20m는 공화주의적 사회경제 시스템에 근거하며 지상 200m는 자본주의다. 이렇게 됨으로써 한 국가에 자본주의적·공산주의적 요소가 겹치는 형태로 이 대립은 잦아들 것이다. 자본주의와 공산주의의 대립이 해소된 뒤 새로운 대립이 없으면 살아갈 수 없다.

그러면 다음 대립은 어디에서 생길까? 그것은 '신체의 지각이 우리의 본질이다'라는 세계관과 '의식과 그곳에서 나오는 인지야말로 우

리의 본질이다'라는 이념의 싸움이다. 이 책에서는 이를 신체주의와
의식주의라고 부르겠다.

새로운 인류의 출현

　자본주의에서 숫자라는 알기 쉬운 1차원의 점·수가 사회의 교점
을 이루는 시대에는 전혀 생각할 수 없었던 분열이 일어난다. '신체가
나'라고 생각한다면 하나의 사회(세계) 안에서 우리는 이 3차원의 시
공간을 보다 깊고 미세하게 지각하며 타인, 자연과 함께 한정된 삶을
구가하는 것이 목적이 된다. 하지만 '의식이야말로 나'라고 한다면 세
계는 한 사람 한 사람에게 구축되어 자신의 의식이 닿는 인지의 저편
까지 확장될 수 있다.

　역사를 돌이켜보면 원래 호모 사피엔스인 우리가 영장류의 우두머
리로서 지구상을 지배하기에 이른 것은 3차원 공간에서의 육체적 유
연성, 기동성과 4차원적 공통 개념을 공유하고 때로는 무리를 이루어
윤리 도덕이라는 공통 규칙 아래 협동할 수 있었기 때문이다(오른쪽의
그림 4-1). 베스트셀러 『사피엔스』이라는 책에서도 우리 호모 사피엔
스가 지구를 제패한 이유는 이 공통된 생각(4차원. 저자 유발 하라리의
말을 빌리면 허구)를 가지고 있었기 때문이라고 언급하고 있다(의식의
차원에 대해서는 이후에 자세하게 해설한다).

　그러나 호모 사피엔스적인 행동의 한계가 지구의 환경 파괴를 야
기하며, 자본주의로 우리의 분단이라는 결말을 맞이하고 있다. 그리

그림4-1 호모 사피엔스는 공통 사념(4차원)을 가져서 살아남았다

유발 하라리는 『사피엔스』에서 호모 사피엔스는 진화 과정에서 언어를 획득해 허구를 낳았다고 했다. 신화나 사회 제도, 국가 등의 허구를 공유함으로써 서로 전혀 모르는 사람과도 협력하는 것이 가능해졌다.

	침팬지	호모 사피엔스
의사소통	소리나 동작 등 표현이 한정적이다	기호·음성 조합에 의해 문장이나 의미의 생성·공유가 가능하다
생각	주변 환경에서 파악할 수 있는 사물	객관적 세계와 허구의 세계를 표현, 이해하고 전달할 수 있다
효과	집단 안에서 이해하고 유대를 키우는 것만으로 협력 관계를 구축하는 게 가능하다	집단 내외에 허구를 공유해 낯선 사람과도 신뢰 관계를 구축한다

출처: 유발 하라리 『사피엔스』.

고 인류는 인류를 넘어서려는 중이다. 새로운 차원의 의식을 가진 존재가 출현했기 때문이다. 4차원 감각을 공유하는 것이 호모 사피엔스라면 5차원, 6차원 감각을 가지는 존재의 출현 혹은 발견이 이루어진 것이다.

　신체는 에너지의 원천이지만 유감스럽게도 인류의 진화 과정은 역시 의식이 지각할 수 있는 차원의 확대에 있는 것은 분명하다. 버추얼리즘에 속한 사람들도 '세계란 결국 자신이 어떻게 인지하느냐에 따라 결정된다'라고 똑같이 생각하기 시작한다. 타인도 사회도 존재하지 않는다. 절대적인 자기 속에서 형성된 이 생각은 머지않아 '인지하는 것이 전부'며, '우리 존재의 핵심에서 이 인지하는 의식이야말로 가장 중요하다'라는 생각으로 전개된다.

이렇게 서술하면 지역에 뿌리를 둔 신체주의자와 가상 세계에 녹아드는 의식주의자의 대립에서 결국 후자가 이기는 듯이 들릴지도 모른다. 하지만 우리의 의식은 매일 다양한 차원을 맴돌기 때문에 그렇게 쉽사리 한쪽이 이기지는 못한다.

사람은 때로 돈이나 수치(1차원)를 추구하고, 망상하고(2차원), 물질적인 것을 원하며(3차원), 과거를 후회하고, 미래를 비관한다(4차원: 3차원+시간). 또 어떠한 때는 세상 모든 것이 하나인 듯한 감각을 얻기도 한다. 이는 4차원보다 앞선, 예를 들면 5차원이나 6차원에 해당하는 것일지도 모른다. 이러한 다차원적인 의식의 변화를 거치면서 진행되는 것이지 쉽게 의식이냐 신체냐로 단순히 분류할 수 있는 것은 아니다.

즉, 단순히 신체를 버리고 의식체가 되는 안이한 선택을 한다는 게 아니라는 것이다. 우리는 의식체인 동시에 육체를 가진 생물임을 인정해야 한다.

2040년까지의 메인 트렌드

사람들의 관심은 의식을 탐색하는 쪽으로 향한다

이 책의 사정거리는 2100년까지다. 그 무렵 인간은 아직 신체라는 에너지원을 가지고 있으면서 한창 의식 탐구를 하고 있을 것이라고 생각한다. 이러한 의미에서 나는 인간의 본질이 의식인가 신체인가 하는 새로운 대립의 승패를 이 책에서는 말하지 않는다(별도의 책에서 이야기하겠다). 다만, 그 대립 구조가 일어나는 과정에서 사람들은 보다 신체와 의식에 대한 생각을 깊게 할 것임에 틀림없다. 신체의 확장은 의료 기술이나 로보틱스의 발전으로 인한 수명 연장이라는 형태로 실현된다.

한편 의식은 개인차가 있으면서도 보다 높은 차원까지의 지각을 가능하게 할 것이다. 의식의 차원을 높게 유지하는 것은 개개인의 단런과 사회의 구조로 실현될 수 있을 듯하다. 적어도 지금까지 종교나 관습, 신앙이 담당하던 정신 세계에 대해 과학적인 접근에 의한 의식의 연구가 진행될 것이다. 나는 그것을 '의식학studies of consciousness'이라고 부른다. 그리고 의식을 주체적이고 자유롭게 통제하는 기술을 의식공학Cognitive engineering이라고 부르기로 한다.

결론을 단적으로 말하자면 신체주의와 의식주의라는 대립 속에서 전 세계인의 관심이 의식을 탐색하는 쪽으로 향할 것이다. '의식이란 대체 무엇인가?'에 대해 더 깊이 그리고 더 넓게 해상도를 올리려고 할 것이고, 또 의식을 조종하는 방법의 개발과 실천이 진행될 것이다. 이것이 2025~2040년까지의 메인 트렌드가 된다.

그래서 마지막으로 나는 의식에 대한 지식을 서술하려고 한다. 특히 의식의 7개 차원에 대해 간결하게 언급하겠다. 그리고 의식의 각 차원과 인간성의 다섯 가지 요소와 3개 세계와의 관계를 간단히 정리하며 이 책을 마무리 짓고 싶다.

의식의 7개 차원

의식의 차원에 대해 기업가의 시점에서 정리해 보겠다(다음 페이지의 그림 4-2).

1차원: 자신의 세계를 살아가기

우선 1차원은 숫자나 문자를 가리킨다. 점 위에 자신이 있다는 자기 중심적인 의식 차원이다. 특별히 할 말은 없지만 돈이나 숫자에 대한 집착은 1차원적임을 덧붙여둔다.

2차원: 이해할 수 있는 세상을 살아가기

2차원이란 산수, 논리, 규칙을 말한다. 기업가로서 말하자면 사회인 1년차가 이해할 수 있는 세계가 2차원이다. 평면적인 로직이나 규칙 등으로 세계를 해석하는 의식의 차원이다.

합리성은 알지만 세상은 부조리하다는 진실을 몰라 고민하는 사람도 많다. 특히 높은 학력에 머리가 좋다는 말을 들은 사람 중에는 중년이 되어서도 이러한 2차원 의식에 눌려 있는 사람이 꽤 많다. 이러한 사람은 주위와 부딪쳐서 사람들에게 미움을 받는다. 합리적으로 들리는 억지, 상대의 자원이나 리터러시를 고려하지 않은 밀어붙이기식의 주장, 장기적인 영향을 고려하지 않은 단적인 주장, 전체의 최선이 되는 가치를 보지 않고 부분의 최적만 주장하기 때문이다.

3차원: 세상을 오감으로 지각하며 살아가기

상식적인 사회인의 상당수는 3차원에 있다. 즉, 오감으로 공간을 인지한다. 물리학적으로 말하면 고전역학(뉴턴역학)의 세계다. 비즈니스나 사회 현장에 관계된 시점에서 말하자면 자신이 있는 공간의 상사인 부장이나 과장의 입장을 생각하거나 눈치를 보는 사람이 3차원에 속한다. 그렇게 하면 이치나 합리적이지 않은 분위기, 문맥을 민감하게 읽어내 적절한 행동을 취할 수 있기 때문이다. 의식 레벨을 평균 점수로 환산하면 50점 정도다. 중견 비즈니스맨의 의식 차원이다.

4차원: 세상을 규율적으로 살아가기

3차원 공간에 시간축을 더한 것이 4차원이다. 물리학으로 따지면 아인슈타인의 상대성 이론 레벨에 해당한다. 즉, 빛을 일정한 점으로 하여 시공간은 같은 방정식 안에서 서로 영향을 주고받는 차원이다.

4차원에는 과거와 미래의 시간이 더해진다. 지금의 공간이 있고, 과거와 미래가 있다. 조직으로 말한다면 매니지먼트층이다. '과거에

그림4-2 의식의 차원

의식에는 차원이 있어서 이계적, 종교적, 문계적으로 설명이 가능하다

차원	개요	이미지 다이어그램	이론적 설명 (연역) (물리학·수학)	종교적 설명 (경험) (서양·동양)	문계적 설명 (귀납) (속담·문학)	인물 예시 (비즈니스에 종사하는 사람의 경우)
1	나를 위한 세상을 산다		수	나	문자	학생 (자기 중심의 함정)
2	이해할 수 있는 세상을 산다		산수 논리 규칙	공공	말 문맥 가치관	사회 초년생 (부조리의 함정)
3	세상을 오감으로 지각하고 산다		뉴턴역학 물성	오식 (눈, 귀, 코, 혀, 몸의 다섯 가지 앎) 색(색즉시공)	오감 세계	중견 비즈니스맨
4	세상을 규율적으로 산다	 과거 현재 미래	상대성 이론 (아인슈타인) 엔트로피 빛을 상수로 하다	인과율(카르마) 윤회·환생 유교	정치는 사람을 위한 것이 아니라 인과응보	경영(인과율이 성립되지 않는 세계에서의 통합 실패)
5	세상을 긍정하고 산다	 비 맑음 구름	양자론 (D·폭탄) 입자와 파동의 이중성(중첩)	사랑(기독교) 가쓰무(젠) 무위자연(흐름)	인간 만사는 누구의 탓도 아니다	탑 매니지먼트 (일어나는 것은 정확하다. 그러니까 뭐든 어떻게든 하는 자세)
6	세상을 선택하고 산다	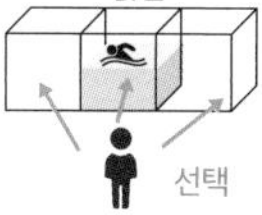 맑음 선택	(멀티버스) (펜 로즈, 호킹) 양자와 얽힌다 세계를 해석한다	색즉시공 영성/불성/신성/ 본질	사고는 현실화된다	기업가 세계관과 비전을 보여주고 그것을 현실화한다
7	우주를 창조하고 사는 진화의 차원(다른 우주에 접근 가능)에 도달했다	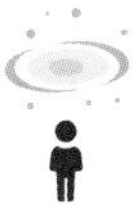	(대통일 이론)	깨달음	사람은 죽지 않는다 (태어나지 않는다)	부처 그리스도

이랬지'라든가 '이 거래처와는 앞으로의 일을 생각해서 여기에서는 일단 접어두자' 등의 흥정을 할 수 있다.

4차원 의식이란 이른바 '인과응보'다. 인과 법칙(모든 일에는 반드시 원인이 있고, 그 원인에 의해 결과가 만들어진다는 사고방식)에 따라 '바르게 산다'는 의식이며, 공간과 시간은 동일한 세계 속에 있고 지금 자신이 행한 일은 장차 자신에게 돌아온다는 세계관이다.

때때로 사람은 미래를 비관해 다리에 힘이 풀리기도 하고, 과거의 일에 사로잡혀 자신감이 없어지기도 한다. 즉, 현재뿐 아니라 시간도 동시에 지각하여 세계를 볼 때 4차원적으로 세계를 보는 상태가 된다. '지금'만 보는 3차원보다 시간을 포함한 4차원으로 세상을 봐야 현명한 행동을 할 수 있다.

미국의 예일대학교 조사에서 인생의 성공을 결정하는 것은 학력도 재산도 아닌 '사물을 보는 시간축'이라는 사실을 증명했다. 장기적으로 생각하기 때문에 사람을 신뢰하는 거래를 하고, 지구의 미래를 생각해 행동에 규율을 두는 것이 인간이다. 의식은 60인 매니지먼트층 정도의 레벨이다. 그런데 4차원 의식의 차원에서는 고민이 끝이 없는 게 현실이다.

5차원: 세상을 긍정하며 살아가기

5차원 의식이란 어느 하나의 세계선*에서 표출되는 현상을 파악하

---

* Worldline, 4차원 시공간의 좌표에서 표현되는 특정 입자의 운동 궤적.

는 의식이다. 물리학적으로 보자면 양자역학적인 차원이다. 세상은 파도와 입자로 이루어져 있고, 이곳에서는 '흔들림'과 '놀이'가 있다. 그래서 인과 법칙이 통하지 않는다.

많은 물리학자들이 (지금) 세계가 아주 작은 점(입자)이면서도, 파도의 성질을 아울러 가지고 있다고 생각한다. 전혀 감이 오지 않겠지만 이것을 지각이라는 관점에서 말하면 '모든 것이 연결되어 있는 듯하고, 그래서 흐물흐물하게 움직이고 있다'로 표현할 수 있다. 이것이 5차원적인 인지다. 이 5차원이야말로 아인슈타인이 부정한 차원이며 그는 "신은 주사위를 돌리지 않는다."라며 이 차원의 흔들림이나 모호함을 부정했다.

5차원이 4차원과 다른 점은 인과 법칙을 꼭 믿지 않는다는 점이다. 앞서 말했듯이 4차원의 의식을 가진 사람은 '여기서 한 수 접어두면 미래에 좋은 방향으로 돌아온다'라는 인과의 법칙을 매우 중요하게 생각한다. 자비는 그 사람을 위해 베푸는 게 아니라 인과응보이기 때문에 베푸는 것이라고 말이다.

그러나 5차원의 양자론적 세계관에서는 앞뒤가 맞지 않을 수 있다. 그 세계는 카오스다. 따라서 그저 일어난 일을 긍정하며 사는 것이 옳다. '이건 실패다', '무엇이 원인이다'를 생각해 단기간에 앞뒤를 맞추려고 하지 않는다. 이 세계관에서 보면 '일어날 일은 일어나고, 이는 어쩔 수 없으니 받아들이고 앞으로 나아가자'와 같은 일종의 진리를 깨닫게 된다.

노벨생리의학상 수상자 야마나카 신야나 할리우드 진출까지 하며 명문 사립 중학교에 입학한 배우 아시다 마나가 좋아하는 말에 '인간

만사 새옹지마(불운하다고 생각되었던 일이 행운으로 이어지거나 그 반대를 비유. 어떤 일을 두고 단편적으로 행운인지 불운인지는 쉽게 판단하기 어렵다는 뜻)'가 있는데, 이는 일어난 일을 받아들이는 감각을 갖고 있는 5차원적인 의식 상태다. 희로애락에 단순히 영향을 받지 않는다. 참으로 도교적이다. 의식 레벨은 70이다.

특히 조직의 최고 경영진이 항상 낙관적이고, 일어난 재난에 대해 어느 정도 냉정하게 '당연하다'라는 의식 상태에서 담담하게 대책을 세울 수 있는 건 경험적으로 세계는 인과율+α로 움직이고 있음을 직관하기 때문이다.

6차원: 세계선을 선택하고 살아가기

5차원까지는 왠지 알 수 있을지도 모른다. 하지만 내가 가장 주장하고 싶은 것은 6차원적 의식이다. 왜냐하면 6차원적 의식이야말로 '모든 고민을 해결하는 의식에 관한 궁극적 지식'이기 때문이다.

6차원 의식이란 세계는 온갖 패턴으로 존재하고(멀티버스) 자신이 각각의 세계를 주체적으로 선택해 지각하는 것으로 현상이 표출·인지되는 의식 상태다.

조금 더 구체적으로 설명하겠다. 우리의 본체는 세계 밖에 있고 의식이 하나인 세계선을 선택하고 있다. 사실 여러 세계는 동시 다발적으로 존재하며 우리의 의식은 세계를 창조적으로 선택할 수 있다. 세계는 단일하지 않고 순간순간 탄생하고 있으며 그중에서 자신이 선택해 지각·인지하고, 거기에 오감으로 느끼며 그 세계선을 살고 있다고 인식(착각)하고 있는 상태다. '내가 세계를 선택하고 있다'라는 상황이

6차원적 발상이자 의식 차원이다.

예를 들면 1초 사이에 수백만에서 수천만의 세계가 방대하게 탄생하고 우리는 그중 하나를 선택한다. 그저 단순하게 '날씨가 맑아서 좋네'라고 생각하는 게 아니다. 맑은 자신에게 의식이 달라붙어 있기 때문에 맑은 자신의 세계 속에 있는 것이다. 그렇기 때문에 실은 다른 세계선에서는 비가 오거나 흐린 날씨도 동시에 존재하기도 한다.

5차원 의식이란 '하나'의 세계선 속에 떠오르는 자신의 의식을 유연하게 움직여 '수동적'으로 '긍정'한다. 한편 6차원에서는 '다수'의 세계선 속에서 의식을 유연하게 움직여 '주체적'으로 세계를 '선택'한다는 점에서 5차원과는 다르다.

의식의 유연한 움직임을 이용해 그쪽의 세계선으로 지각을 이동시킬 수 있다면 행복을 얻을 수 있다. '지금은 힘들어도 다른 세계선의 나는 행복하다, 따라서 나는 행복하다'라고 느껴진다면 정답이다.

고민의 본질은 집착이다. 집착은 그것이 자신의 것이 되느냐, 이미 되었느냐에 따라 해결되기 때문에 세계선에 대한 자신의 의식적 선택에 의해 모든 고민은 해소된다. 세계선을 자유롭게 선택할 수 있다는 깨달음이 고민을 해결하는 유일한 방법이며, 이쯤 되면 의식 레벨은 75다.

어떠한가? 웅장한 억지 이론으로 들릴지 모르지만 이것이야말로 동서고금의 모든 종교가 끊임없이 추구하는 의식공학의 교의며, 실제로 일상의 의식에 대한 단련을 계속하지 않으면 쉽게 도달할 수 없는 지점이다.

7차원

7차원이란 진정한 의미의 멀티버스 즉, 이 우주 밖에서 우리 우주를 관찰하는 의식 차원으로 부처나 구가이*가 말하는 깨달음의 의식 영역이다. 그곳에서는 생물이나 인간은커녕 거리나 공간, 숫자도 없다. 또한 이러한 개념은 물론이고, 개념 자체도 존재하지 않는다. 존재, 비존재라는 것조차 존재하지 않는 최고의 경지다.

물리학의 관점에서 보면 다음의 발견은 적어도 6차원에서의 의식 상태 지각으로부터 생각할 수 있다. 6차원적 의식에서 보면 왜 지금의 5차원적 양자장 해석이 직관적으로 불완전해 보이는 걸까? 왜 흔들림이나 '포개기'가 있는지 확실히 이해할 수 있다. 각각의 5차원 세계선은 다른 5차원 세계선과 우리의 의식을 통해 연결되어 오가기 때문이다. '양자 얽힘'**이라는 관찰에 의해서 한쪽이 확정될 때 다른 한쪽이 확정되는 상호 작용은 의식 차원 간의 왕래라는 에너지 전환으로 어느 정도는 설명 가능하다. 5차원의 불확정 원리는 5차원의 세계선 밖으로 나가야 비로소 인지할 수 있는 것이다.

---

*   일본 헤이안 시대의 승려로 진언종의 창시자다.
**   입자들의 상관관계를 나타내는 양자역학적 상태를 말한다.

3개의 세계, 다섯 가지의 인간성, 7개 차원의 관계

그럼 마지막으로 지금까지의 내용을 정리해 보겠다.

처음 세계는 3개의 층으로 나뉘어져 있다고 했다. 그것은 캐피탈리즘, 셰어리즘, 버추얼리즘이다. 그리고 그 3개의 세계는 다섯 가지 인간성(사회성, 관계성, 신체성, 창조성, 개성)과 강하게 결합된 세계라고 했다. 이 다섯 가지 인간성은 사람의 의식 7개 차원과 관계되어 있다. 인간의 의식은 항상 떠돌고, 3개의 세계를 그리고 다섯 가지의 인간성 중 어느 하나에 이끌린다.

사회성은 인간성 중에서도 가장 강하고 우리의 의식은 항상 여기에 끌린다. 특히 일본에서는 동조 압력이 강해서 정말로 자신이 살고 싶은 대로 즉, 개성을 꽃피우고 사는 것이 좀처럼 쉽지 않다. 또 돈이 사회의 중심축에 있어 사람들은 이 돈이라는 숫자가 지니는 강한 흡착력에 의식을 빼앗기기 쉽다. 돈이나 숫자는 1차원에 속하는 것이다.

친한 친구, 가족, 파트너와의 관계성은 사회성 옆에 위치한다. 사회성이 익명, 불특정 다수로의 근접이라고 한다면 관계성은 특정 개인과의 인간관계를 의미한다. 더 좋은 관계성은 웰빙(행복)과 강하게 연결되어 있다.

질병에 영향을 미치는 것은 담배나 술 등 신체에 대한 직접적인 물질보다 주변 사람들과의 더 좋은 관계라는 점을 우리는 이미 잘 알고 있다.

관계성과 강하게 결부되어 있는 것은 2차원, 3차원 다시 말해 커뮤니케이션이나 공간 그리고 의식주를 함께하는 데에 있다. 셰어리즘에서 공생적 관계나 증여 경제 등이 좋은 의미를 갖는 이유는 화폐를 통하지 않고 가치를 교환함으로써 관계성이 더욱 공고해지고 행복감이 더해지기 때문이다. 또 함께 있는 것 자체가 가치가 되는 피어 경제의 대두도 3차원이나 시간축을 더한 4차원에 속하는 생각이다.

신체성은 심신의 건강(에너지)이지만 이것이 3차원이라는 점은 쉽게 알 수 있을 것이라고 생각한다. 심신의 건강은 자연이나 가까운 사람과의 관계에 의해서 유지·증진된다. 그리고 이 관계성과 신체성 회복을 목적으로 한 세계가 지상 20m까지의 셰어리즘이다.

버추얼리즘은 가상 현실이라고 번역되지만 정확히는 아직 형태가 없는 (3차원화하지 않은) 세계 즉, 4차원(이미지, 상상) 속에 떠돌고 있는 의식 세계라고도 할 수 있다. 이 버추얼리즘에 속하는 인간성이 개성(천재성)과 창조성 두 가지다. 버추얼리즘의 목적은 창조성과 개성의 확장에 있다.

창조성이란 상상(이미지)한 것을 창조하는(형태로 만드는) 것이며,

그것은 4차원(이미지)을 3차원(사물, 그림, 문장 등 오감으로 지각할 수 있는 형태)으로 만드는 것을 의미한다.

개성(천재성)이란 개개인이 고유하게 가지는 영성(게니우스: genius＝지니어스. 만물에 각각의 영혼이 깃들어 있다고 생각하는 사상)으로, 조금 더 구체적으로 말하자면 개개인 특유의 주파수나 소립자 레벨에서의 독자적인 '행동'에 해당한다.

우리 모두는 개별적인 존재의 독자성을 약간의 파동이나 행동으로 가지고 있지만 이를 스스로 인지하는 사람은 적다. 하지만 본래 개성의 본질이란 그러한 미세한 움직임 그 자체며, 재능이나 강점이라는 것은 단순히 사람들이 인지할 수 있는 말로 바꿔 쓴 것에 불과하다. 이 개성이 속하는 영역은 6차원이나 5차원의 영역이다. 6차원은 개별성을 담보하는 의식의 차원이고, 5차원은 창조의 에너지가 축적되어 있는 영역이다.

개성과 창조성의 관계로 말하자면, 6차원에서의 사람 각각의 독자적인 행동이 5차원의 에너지 영역(양자장)에 영향을 주어 4차원에서 상(이미지)을 맺게 된다.

이렇게 의식의 7개 차원과 다섯 가지의 인간성 그리고 3개 세계의 목적은 관계되어 있다(다음 페이지의 그림 4-3).

의식에 관한 지식에 대해서는 별도의 책에서 자세하게 다루려고 한다. 왜냐하면 이 책의 목적은 계속 태어나고 분화되고 있는 3개 세계 각각의 층위에서 독자가 구체적으로 살아내기 위한 처방전을 전하는 것이기 때문이다.

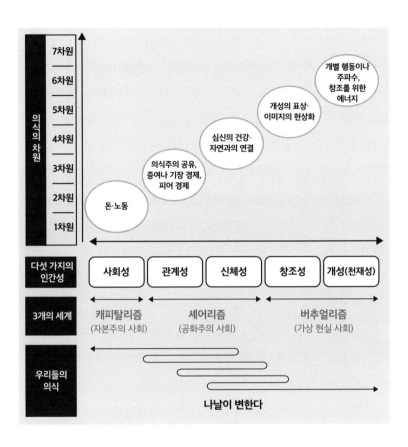

그림4-3 3개의 세계·다섯 가지 인간성·7개 차원의 관계

의식의 차원

7차원
6차원
5차원
4차원
3차원
2차원
1차원

개별 행동이나 주파수, 창조를 위한 에너지

개성의 표상· 이미지의 현상화

심신의 건강· 자연과의 연결

의식주의 공유, 증여나 기장 경제, 피어 경제

돈·노동

다섯 가지의 인간성

| 사회성 | 관계성 | 신체성 | 창조성 | 개성(천재성) |

3개의 세계

캐피탈리즘
(자본주의 사회)

셰어리즘
(공화주의 사회)

버추얼리즘
(가상 현실 사회)

우리들의 의식

나날이 변한다

당신들은 어떻게 살 것인가?

세계의 모든 고대 유적은 무덤이거나 제사장이거나 천문대인데 수로 따지면 단연코 천문대(기상대)가 많다. 이는 인간의 본질을 말해준다. 우리 현대인은 별을 보지 않는다. 주변의 시계로 충분히 시간을 알 수 있기 때문이다. 그래서 초등·중학교 때 배우는 별자리의 수에 압도된다. '왜 고대인들은 별에 그렇게 집착했을까?' 하고 말이다.

이유는 간단하다. 200만 년 전 세계에서는 항상 같은 움직임을 보이는 대상이 별밖에 없었기 때문이다. 강물도 바다의 파도도 바람도 같은 움직임을 보이지 않는다. 완전히 똑같은 움직임을 보이는 것은 별밖에 없었다. 그래서 인간은 별의 움직임을 파악해 달력을 만들고 시간을 발명했다. 그렇다, 이것이 인간만이 가지고 있는 '개념'이라는 것이다. 시간이라는 개념을 인간이 발명하고, 그로부터 인류는 집단행동을 가능하게 하고, 화폐 단위나 수학을 발전시켜갔다.

최초의 개념 세계는 천문학이다. 그리고 지금 우리는 잊고 있다. 개구리에게는 시간이라는 개념이 없고, 자연에는 개념이라는 것이 애초에 존재하지 않는다는 사실을 말이다. 하지만 인간은 개념에 인생을 관련시켜 파악하고 있다. 예를 들면 돈이라는 개념에, 윤리에 그리고 시간에. 이것들은 인공물이지 진리나 본질이 아니다.

우리는 세계를 너무나도 많은 라벨에 대입시켜 평가해왔다. 시간도 돈도 윤리도 얼굴도 알기 쉬운 지표지만 이는 어느 차원에서 본다면 가짜며 곧바로 사라져버리는 환상이다. 차원을 바꾸면 세계를 보는 방식은 완전히 달라지기 때문이다.

진리는 항상 인간의 앞에 있다. 시대가 흐르면 자신의 바깥쪽에 펼쳐진 세계는 어쩔 수 없이 변화한다. 앞으로도 그 사실은 변하지 않을 것이다. 그러니까 그 일에 대해서는 잊어버리자. 중요한 점은 세계가 어떻게 되어 있느냐가 절대적인 것이 아니라, 개개인의 지각과 인지로 세계가 결정된다는 점이다.

세계는 지각과 인지가 결정한다. 자연에 젖어, 지각의 해상도를 높여라. 모든 지식을 사랑하고, 시야를 넓혀 세상을 보는 방식을 바꾸라. 지각의 해상도와 시야의 넓이는 인지를 깊게 한다. 그 인식은 우리를 본질로 부른다. 이윽고 기억과 오감에 갇힌 애매한 자신이라는 껍데기는 녹아버리고 순수하게 세계를 인지하는 우리의 본성이 드러난다.

세상은 모든 사람에게 같은 것이 아니라 전혀 다른 것으로 존재한다. 일반적인 사람들은 오감, 특히 보이는 것을 기준으로 세계를 인지한다. 그래서 세계는 입체적이고 3차원이다. 때로 사람은 미래를 비관하거나 과거의 일로부터 벗어나지 못해서 스스로에게 자신감이 없어지기도 한다. 즉, 지금만 생각하는 것이 아니라 시간이라는 개념도 동시에 지각하여 세계를 보고 있을 때는 4차원적으로 세계를 바라보게 된다. '지금'만 보는 3차원보다 시간을 포함한 4차원으로 세상을 보는 편이 현명한 행동을 취할 수 있다. 그리고 가능하다면 4차원보다 5차원, 6차원까지도 지각하며 살자. 그래야 3개의 세계를 종횡무진 활보하며 삶을 살아갈 수 있다.

만약 당신이 '무언가를 실현하고 싶다, 무엇인가를 얻고 싶다'라고 생각하는 야심을 가진 젊은이라면 자신의 지각을 연마할 필요가 있다. 우리는 모두 '지각하는 주체'다. 눈에 보이지 않는 것, 이미지나 개념, 미래나 과거, 만난 적 없는 사람, 본 적 없는 풍경을 포함해 대상을 명석하게 지각할 수 있게 되었을 때 상상물은 물질의 성질을 띠고 창조된다. 어렵게 말하자면, 단지 지각과 인지가 이윽고 시간을 거쳐(엔트로피*의 결과), 물질의 성질을 갖기에 이르렀을 뿐이다. 노벨상을 타는 것도, 올림픽에서 금메달을 따는 것조차도 그렇다. 오히려 세계를 포착하는 지각과 인지의 성숙화로 우리 자체를 변용시키는 과정이야말로 의미가 있다. 지각의 수준을 높이는 것은 '나'라는 본질에 더 가까워지는 과정이다. 당신이 진정으로 얻고 싶은 것은 돈도 연인도 개인 제트기도 아니다. 당신이라는 존재의 정체다.

그러기 위한 모든 노력과 실패, 좌충우돌과 시행착오의 결과로 당신의 지각과 인지의 차원은 지금에 이르렀다. 당신도 나도 열심히 발버둥쳤을 테다. 그것이 인생이다. 인생이란 본래의 자신을 드러내기 위해 발버둥치며 돌아다니고, 현실 세계에 있는 잡동사니에 둘러싸여 생활하는 것이다. 하지만 동시에 인생의 본질은 그 잡동사니의 창조 과정에 있고, 창조의 반작용으로서 향하는 자신이란 무엇인가를 아는 긴 여정이다. 당신들이 크게 파도치는 격동의 시대에 즐겁게 올라타기를 바란다.

---

* 물리학 용어로 무질서의 정도를 정량적으로 표시하는 개념이다.

3개의 세계

1판 1쇄 인쇄 2024년 8월 19일
1판 1쇄 발행 2024년 8월 28일

지은이 야마구치 요헤이
옮긴이 권희주

발행인 양원석
책임편집 김희현 **디자인** 이경민
영업마케팅 윤우성, 박소정, 이현주, 정다은, 유민경

펴낸 곳 ㈜ 알에이치코리아
주소 서울시 금천구 가산디지털2로 53, 20층 (가산동, 한라시그마밸리)
편집문의 02-6443-8846 **도서문의** 02-6443-8800
홈페이지 http://rhk.co.kr
등록 2004년 1월 15일 제2-3726호

ISBN 978-89-255-7465-3 (03320)

※ 이 책은 ㈜알에이치코리아가 저작권자와의 계약에 따라 발행한 것이므로
본사의 서면 허락 없이는 어떠한 형태나 수단으로도 이 책의 내용을 이용하지 못합니다.

※ 잘못된 책은 구입하신 서점에서 바꾸어 드립니다.

※ 책값은 뒤표지에 있습니다.